지·구·촌·한·韓·문·화·중·심·채·널 www.stb.co.kr

STB
상생방송
특별기획
역사특강 5

# 일본 속의 백제

홍윤기 지음

KB005516

상생출판

# 한민족의 숨결 흐르는 일본땅

　일본속 한민족의 발자취를 찾아 현지 답사하면서 어느덧 반세기 동안의 긴 나날을 이어오고 있다. 이를테면 일본의 관서지방인 '오사카' 하면 이 곳은 '선진국 백제인들의 정치적인 옛 터전이구나'하는 생각이 저절로 든다. 그런가 하면 '교토'를 답사하자면 '여기는 신라인들의 선진 벼농사 개척지였다'는 소리가 자연스럽게 튀어나오게도 된다.

　오사카에서 전철로 한시간 남짓 남쪽으로 달려가면 이번에는 '나라(奈良)' 땅이다. 이 터전은 '고대 백제의 불교 유적지'라는 것을 쉽사리 파악하게 된다. 그런가 하면 백제인 왕들이 이 고장에서 일본왕실을 이룩한 '아스카'며 '야마토'의 정치적 옛 고장이다.

　이와 같은 온갖 역사적인 사실은 일본왕실의 고대 문헌과 현지의 유적으로 제대로 입증되고 있다. 오늘날에도 일부 그릇된 사람들이 '역사왜곡'을 하고 있으나, 그들은 끝끝내 참다운 역사 내용들을 깡그리 숨기지는 못할 것이다.

　이번에는 저 멀리 일본 열도 남쪽 큰섬으로 달려가보자. 그 터전 '큐슈' 지역은 발딛는 고장마다 백제 유적지로서 이름난 터전들이 연면하게 잇닿는다. 특히 큐슈섬 위쪽 '사가현' 서부 바닷가로부터 그 내륙지방에는 광대한 고대 백제농업 유적지로 역사 깊은 '요시노가리'가 자리잡고 있다. 이 곳에 가보면 우리의 고향 땅과 진배없는 솟대가 세워져있고, 미개했던 고대 일본인들에게 백제인들이 벼농사를 가르친 뚜렷한 흔적들이 되살아나고 있다.

백제다, 신라며 고구려, 가야라는 식으로 무슨 편을 갈라 말씀드리는 것이 아니고, 주로 각 지역으로 한반도로부터 집단적으로 이주하여 건너갔던 큰 부분이 신라거나 가야, 백제, 고구려 등등 각기 무리졌던 터전이며, 그런 지역에도 한민족 각국의 도래인들은 당연히 부분적으로나마 서로 뒤섞여 함께 살았던 발자취를 보여주고 있다는 것도 지적하련다.

앞에서 '나라' 일대에 고대 백제 유적이 많다고 했으나, 이 고장의 '사쿠라이시'며 '야마베군' 터전은 우리 한민족 '환웅천왕'의 '웅신신사雄神神社' 성지聖地라는 사실(사진 참조)을 필자가 근년에 확인하고 계속 답사중에 있다는 것을 독자 제현에게 알려드린다. 이 터전은 우리 『삼국유사』 역사에 나오는 '연오랑'이 "일본에 건너가서 왕이 되었다"고 하는 지역인 것을 답사를 통해서 알게 되었으며, 앞으로 본격적으로 그 역사 내용을 여러분에게 밝힐 것이다. 한가지 곁들여 말씀드리자면 이 고장 행정지명은 경북 포항의 '연오랑' 유적지 「도기야都祈野」와 한문 글자마저 똑같으며, 더구나 고대 신라유적지라는 것이 일본의 저명한 사학자들의 연구서로서 지적되고 있다. 이울러 여러분의 일본 여행길에는 한민족의 따사로운 숨결 흐르는 지역으로 답사하시기를 권유드린다.

■ 신라 연오랑延烏郞과 연고가 깊은 도기야都祈野의 한민족 '환웅천왕'을 모신 '웅신신사雄
神神社' 성지聖地

# 目次

머리글 / 5

**1강**

오사카는 '구다라스'(百濟洲, 백제주)라는
백제인들의 개척지.................................................10

**2강**

일본어의 모체는 백제어.....................................42

**3강**

'구다라'(百濟, 백제)열풍과 백제 성왕...............76

4강

백제궁에 살던 일본 천황들 ..............................108

5강

'나라奈良'는 한국어의 '국가' .........................138

6강

일본 최초의 백제사百濟寺 나가노현長野縣의
젠코지善光寺 ...................................................170

찾아보기 / 202

# 1강

## 오사카는 「百濟州백제주」구다라스」라는 백제인들의 개척지

여러분 반갑습니다. 오늘부터 여러분과 함께 일본 속의 백제 공부를 해보겠습니다. 백제를 일본에서는 '구다라'라고 부릅니다. 여러분, 구다라라는 표현을 해보셨습니까? 한 번 해볼까요?

- 홍윤기 : 구다라～
- 방청객 : 구다라～

네, 구다라는 백제입니다.

구다라는 어디에서 왔을까요? 쉽게 말씀드리면 백마강의 '구드레' 나룻터에서 왔다고 하는 것이 거의 지배적인 이야기입니다.

오늘부터 여러분과 함께 저의 졸저 『일본 속의 백제, 구다라』라는 이 책을 교재로 삼아서 강의를 하겠습니다. 놀라운 사실들이 일본 역사 속에는 많이 있습니다. 하나하나 짚어가면서 공부를 하겠습니다.

지난 2001년 12월 23일. 그 날 지금의 아키히토천황이 "내 몸에도 한국인의 피가 흐른다."라는 공식적인 표현을 했습니다.

이 날이 이분의 68회 생일이었습니다. 일본의 도쿄에 있는 천황궁(황거皇居)에서 기자 회견을 하는 자리에서 이

분이 그런 말을 했습니다.

"내 몸에도 한국인의 피가 흐른다. 백제로부터 모든 문화가 일본에 건너왔다. 칸무(桓武, 781~806)천황이라는 분의 바로 그 어머니가 백제인 화신립和新笠 황태후다. 백제 무령왕의 직계후손이다."라는 것을 이분이 말했습니다. 놀라운 사실이죠.

그 당시에 아키히토천황의 발언에 대해서 일본의 아사히신문과 뉴스위크 잡지에서 보도를 했습니다.

다음은 '뉴스위크' 기사입니다.

"'칸무천황의 생모는 백제왕의 자손'이라고 『속일본기續日本紀』라는 역사서에 기록돼 있다. 내 몸에는 한국인의 핏줄이 있다. 그래서 한국과의 혈연을 느끼고 있다." 이러한 표현을 했습니다.

그런데 이와 같은 아키히토천황의 발표는 놀랍게도 전혀 예정에 없던 말을 한 것입니다. 이러한 발언을 하자마자 궁내청 고관들은 당황했습니다. 천황이 그런 말을 하리라고는 전혀 생각도 안했는데, 이 분이 역사의 사실을 말하고 말았습니다. 그러자 당황한 궁내청 관리들은 각 신문사에 보도 관제를 지시했습니다. 그래서 '아사히신문'을 빼놓고는 모든 주요 일간신문이 보도를 안했습니다. 이러한 사실이 있은 뒤에 일본의 '뉴스위크' 기자가 저(홍윤기 교수)에게 인터뷰를 요청했습니다.

(일본어판 뉴스위크지를 보면서) 이게 2002년 3월 20일자 일본어판 뉴스위크지인데, 〈천황가와 조선〉 그리고 여기 밝혀졌듯이 '아키히토천황이 봉인을 풀었다. 일본과 한국의 깊은 혈연을 밝혔다'는 제목이 보입니다. 뒤이어 상세한 기사가 나갑니다. 일본 천황이 기자회견을

했던 모습입니다. 일본 학자들의 이 얘기 저 얘기를 담고. 그리고 일본 기자가 저에게 물어 봤습니다.

"일본 천황이 한국에 가고 싶어 하는데 어떻게 생각하느냐?"

저는 그랬습니다.

"꼭 와야겠다. 일본 천황이 한국에 온다면 한일관계의 아픈 상처도 많이 아물 것이다."

그것이 뉴스위크에 보도됐습니다.

물론 이 기사는 일어판에만 나온 것은 아닙니다. 미국의 영어판에도 나왔고, 영어판도 내용은 똑같이 나왔습니다. 그리고 한국어판에도 나왔습니다.

여기 보시면, 뉴스위크지에 "〈일본천황은 반半한국인〉 아키히토천황의 혈통 고백파문. 한국서 찾는 일본의 뿌리"라고 했습니다. 이와 같은 근거가 있습니다. 사실은 제가 지난 2000년도에 그 동안 연구했던 연구론을 중심으로 책을 낸 일이 있습니다.

『일본천황은 한국인이다』

이 책을 냈을 때는 반신반의하는 사람들이 있었습니다. 그런데 그 이듬해 12월 23일 일본 천황이 솔직하게 발언함으로써 저의 연구가 허황된 것이 아니라는 것이 알려지게 됩니다. 이것은 일본 천황이 저를 도와준 것이 아니고, 역사를 바르게 말했다고 저는 평가하고 싶습니다.

당시 일본기자가 저에게 찾아와서 물었습니다.

"어째서 일본 천황이 한국에 가고 싶어 하느냐?"

그러기에 저는 그랬죠.

## 뉴스위크지 한국어판·일본어판·영어판

---

JAPAN

日本　明仁天皇の「韓国とのゆかり」発言で
日本人が歴史の真実を見据える時が来た?

The Ties That Bind

# 天皇が結ぶ
# 日韓の縁

- 일본어판

---

SPECIAL REPORT

The Ties That Bind

# "내 몸 속에
# 한국인의 피가
# 흐르고 있다"

**아키히토 일왕, "간무 천황 어머니는 백제 무령왕 후손" 충격 발언.
일본인은 민족·문화 형성에 미친 한국 유산을 바로보기 시작했다.**

George Wehrfritz 도쿄 지국장. Hideko Takayama 기자

일본 왕자 시라카베(白壁)의 둘째 부인은 백제 왕족의 후손이었다. 다카노노 니가사(高野新笠)라는 이름으로 불린 이 여인은 남편이 서기 770년 고닌(光仁)천황으로 즉위하기 전까지 권력투쟁의 소용돌이 속에서 어렵게 살아 남았다. 그런데 황후와 태자가 천황을 해치는 주문을 걸었다는 죄로 투옥되자 다카노노 니가사의 이들이 태자가 되고 781년 일본의 50대 천황으로 등극했다. 그가 바로 간무(桓武) 천황이다.

생물학적으로 간무 천황의 절반은 한국인이다. 그러나 수백년 동안 일본인들은 왕실의 순수성을 주장하며 이 사실을 숨겼다. 뿐만 아니라 일본이 한반도의 영향을 많이 받았음을 보여주는 수많은 역사·문화적·유전적 증거도 감추었다. 일본이 이처럼 한국과 공유한 역사를 부인하는 태도는 양국 관계에 깊은 악영향을 미쳤다. 한국인들은 일본의 과거사 망각증을 일본 문화라고 생각한다. 일본의 수탈과 강제노동·종군위안부 등 한반도 강점기에 저지른 만행은 인정하지 않는 것도 같은 맥락이라는 것이다. 반면 일본인들은 한국인이 과거에 너무 집착한다고 못마땅해 한다. 이렇게 라이벌 관계에 있는 두 나라가 오는 6월 월드컵을 공동 개최한다는 것은 매우 아이로니컬한 일이다.

양국의 오랜 긴장관계를 해소하려고 시도한 인물은 뜻밖에도 일왕 자신이었다. 아키

아키히토 일왕(위)의 조상은 태양의 여신 아마테라스(왼쪽)가 이니라 백제 여인이다.

히토(明仁) 일왕은 지난해 12월 68회 생일을 맞아 열린 기자회견에서 "나 자신과 관련해 간무 천황의 생모가 백제 무령왕의 후손이

뉴스위크 한국판 2002.3.20　21

- 한국어판

---

Japanese are just beginning to come to grips
with their Korean heritage. BY GEORGE
WEHRFRITZ AND HIDEKO TAKAYAMA

# The Ties
# That Bind

SHE WAS A DAUGHTER OF KOREA'S PAECHE KINGDOM, a foreign princess betrothed in a political marriage to a Japanese prince. As a second wife, Takanono Niigasa struggled to evade palace backstabbing until her husband became emperor in A.D. 770. After the empress and the crown prince were jailed—allegedly for casting a shamanistic curse on the sovereign—Niigasa's son became heir to the imperial lineage and, in A.D. 781, Japan's 50th emperor.

Basic biology dictates that Emperor Kanmu was half Korean. But for centuries Japan's insistence on its sacred *kokutai*, or national essence, has obscured that fact. And that insistence—along with a mountain of historical, cultural and genealogical evidence that demonstrates how much this country owes to its East Asian neighbor. The denial of that shared history continues to bedevil relations between the two countries. Korea say the amnesia is cultural, part of Japan's inability to own up to the atrocities committed during its brutal annexation of the peninsula, its exploitation of forced laborers and the use of "comfort women," to provide sex for Japanese troops. Japanese resent the Koreans' fixation with the past. No more than music that they will reheat the World Cup brings the moment, for the nations soccer rivalry fierce rivals off the football pitch as well.

A recent attempt to ease the longstanding tensions came from an unlikely source Emperor Akihito. Last December, he marked his 68th birthday with a stunning revelation. "I, on my part, feel a certain kinship with Korea," he told reporters during a news conference at his palace in Tokyo. Citing oldest history lesson, he said. "The mother of Emperor Kanmu was of the line of King Muryong of the Kingdom of Pachke."

BLOOD SIMPLE: Akihito (above) is related to a Korean princess, not Amaterasu (left)

Not since the Meiji Restoration in 1868 has Japan's imperial family acknowledged its blood ties with Korea. And the timing was no coincidence. The emperor, say palace watchers, is hoping, before the

- 영어판

---

1강 오사카는 '구다라스'(百濟洲백제주)라는 백제인들의 개척지　13

"피가 땡기기에 그렇지 않겠느냐. 피는 속이지 못한다."

피가 땡긴다는 것은 누구의 힘으로도 막을 수 없습니다.

역사를 바르게 알아야 한다는 것, 역사를 올바르게 인식한다는 것이 가장 중요합니다. 개인으로 말하면 어떻습니까? 자기 집안의 조상들에 대해서 잘 알아야겠죠. 미물이 아니고 하등 동물이 아닌 이상 인간은 올바른 역사를 인식할 수 있어야 합니다. 개인적으론 자기 집안을, 국가적으론 자기 나라의 발자취, 고대 한국이 어떻게 시작돼 어떻게 이어져 왔느냐? 그리고 특히 고대 한국과 일본과의 관계는 서로간에 어떠했느냐? 이것을 우리는 반드시 알아야 합니다.

역사를 모른다면 우리는 21세기라는 이 시대를 살아가는 데 더욱 혼란 속에 빠질 것입니다. 오늘날 글로벌 시대인 국제화 사회라고 합니다. 그러나 국제사회 속에서 어떻습니까? 저마다 자기 나라의 깃발을 흔들고 자기 나라의 것만 주장합니다. 우리는 여기서 우리가 어떻게 걸어 왔는지 하는 것을 하나하나 토파吐破해 나가면서, 특히 한일 관계사에서 백제를 인식하는 게 매우 중요합니다.

구다라(백제)는 일본 사람들이 가장 높이 평가하는 한반도의 국가입니다. 모두에 제가 말씀드렸듯이, 한국에는 없는 백제의 발자취가 일본에는 약 4백 곳이 있습니다. 제가 지난 30여 년간 일본 대학에서 공부하고, 교수로서 일본인 학생들도 가르치고, 또 일본 각지 구석구석까지 걸어 다니면서 백제 유적지를 찾아낸 곳들입니다.

저는 한 곳 한 곳 백제의 발자취를 새로이 찾아내면서 뜨거운 눈물을 흘린 적이 한두 번이 아닙니다. 우리 역사를 우리 스스로가 바르게 모르고서 남에게 "알아라."라고 말할 수는 없습니다.

일본 사람들 중에는 오히려 백제의 역사, 구다라의 역사를 공부한 훌륭한 분들이 많이 있습니다. 물론 일부 국수적인 잘못된 학자들도 있습니다. 그러나 양심 있는 학자들도 여럿이 있습니다. 그래서 저는 그 분들과 교류하고, 한일을 서로 왕래하면서 일본속의 백제 구다라를 찾아내는 공부를 해 왔습니다. 물론 이 사람의 공부는 아직도 부족합니다. 그러나 최선을 다해서 목숨이 이어지는 한 더 많은 백제를 찾아낼 것입니다. 신라, 가야, 고구려도 찾아내고 있는 중입니다.

　일본의 아키히토천황, 이 분이 결정적인 발언을 했는데, 이 분이 말한 역사책이 바로 이 책 『속일본기』입니다.

　이 『속일본기』는 헤이안시대平安時代 초기인 797년에 일본 왕실에서 만든 역사책으로, 697~791년까지의 나라시대奈良時代에 대해 기록한 편년체 왕실 역사책입니다. 그 이전에 『일본서기日本書紀』라는 역사책이 있었고, 최초의 역사책은 『고사기古事記』라는 책입니다. 『고사기』가 712년에 나왔고, 『일본서기』는 720년에 나옵니다.

　그런데 놀랍게도 최초의 역사책을 쓴 사람은 백제 사람입니다. 안만려라는 백제 왕족이 있었습니다. 이 분이 일본 왕실에 있으면서 썼습니다. 역사책에서는 장관(太) 안만려安萬呂라고 표기합니다. 일본 말로는 '오노 야스마로太安萬呂'라고 합니다. 이 분이 최초의 역사책 『고사기』를 쓴 분입니다. 이러한 사실은 일본의

■ 고사기. '신안만려臣安萬侶'는 백제인이라는 기록

여러 역사학자들도 시인하고 있습니다. 차츰 여러분과 공부하면서 설명을 하겠습니다만, 여하간에 일본 왕실이 백제와 연관돼 있다는 이 사실 하나만으로도 일부 그릇된 국수적인 일본인들은 반성해야만 합니다. 역사왜곡은 국제적인 죄악이기도 합니다.

저는 일 년에 두세 번씩은 일본에 건너가서 수백명의 일본인을 모아놓은 자리에서 백제에 대해서 강연을 하고 있습니다. 금년(2009년)에는 큐슈의 구마모토현에 가서 강연을 했습니다. 그리고 작년에는 도쿄에서 했습니다. 재작년에는 오사카에서 했습니다. 일본 속에서 백제 역사를 강연하면 이 사람들이 저에게 반항을 하거나 나쁜 소리를 할 것 같지만 전혀 그렇지 않습니다. 오히려 이 사람들은 더 좋아합니다. 그리고 강연이 끝나고 나면 저에게 몰려와서 질문을 합니다. 그러면 제가 하나하나 설명을 상세하게 해주곤 합니다. 어쩌면 우리보다 백제에 대해서 관심이 더 많은 것 같습니다. 그것은 무엇 때문일까요? 자기의 뿌리를 찾자는 것이 아닐까요?

우리는 해마다 매우 성대하게 백제문화제를 거행합니다. 내년 2010년에는 대백제문화제가 거행됩니다. 이러한 백제문화제는 백제 역사를 내외에 바르게 인식시키기 위한 훌륭한 역사문화제입니다.

그러면 이제 일본 천황가가 백제인이라는 사실을 일본 천황이 인정한 것에 이어서 오늘은 오사카 쪽으로 가 봅니다.

이것은 1098년 11세기 말 일본에서 만든 백제지도라고 알려오는 고대 오사카 지도입니다. 이 오사카 땅이야 말로 백제국이었습니다. 여기 '구다라스' 즉 '백제주百濟洲'라는 글자가 나옵니다. 그리고 '난바'라는 글자도 나옵니다.

백제주는 백제국이라는 뜻입니다. 주洲는 섬 또는 나라라는 뜻을 가진 글자입니다. 오사카에는 고대에 백제인 지배자들의 왕실이 있었기 때문에 백제주라는 지도가 나왔죠. 그리고 여기 '난바難波'라는 지역이 오늘의 오사카의 중심지인 동시에 고대에는 백제의 왕실이 있었던 지역입니다. 그 밖에도 많습니다.

　이것은 '백제리'라는 지명입니다. '구다라리'로 부르던 것을 일제하에서 바꿔 '큐타로마치'라고 읽습니다. 여러분도 아시겠지만 일본어는 한자어를 음과 훈으로 여러 가지 수많은 소리와 새김으로 발음합니다. 한국에서는 주로 음(소리)으로만 발음하는데 일본은 주로 훈(새김)으로 새겨서 읽습니다. 그래서 어떤 글자는 한 개의 글자를 자그마치 열세 가지로까지 바꿔서 읽는 것도 있습니다. 그래서 일본어나 일본 역사를 공부하시려면 일본식으로 글자를 새겨서 읽는 한자어 발음

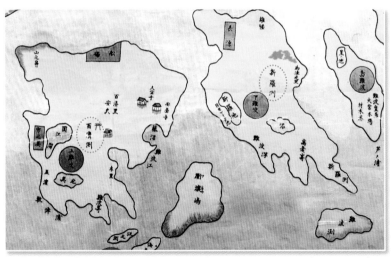

■ 서기 1098년에 제작된 일본 오사카의 고지도 난파팔랑화도難波八浪華圖. '백제주百濟洲'라는 '백제국가(좌)'와 신라주新羅州(우) 표시가 보인다.

법을 잘 배워둘 필요가 큽니다.

이러한 고대 백제 지도가 있었습니다. 오사카가 고대 백제주라는 사실은 고대 백제 사람들이 건너가서 일본을 국가적으로 지배한 것을 짐작할 수 있습니다. 특히 이 구다라리 지역은 일본 역사책에서도 구다라 고을百濟郡이라고 불렀던 곳입니다.

'구다라 고우리'라는 행정 지명으로 정식 호칭했다는 것이 일본 역사책에도 기사가 나옵니다. 646년부터 백제군, 즉 구다라 고우리로 불렀습니다. 고우리는 뭐겠습니까? 한국어의 '고을'입니다. 일본 말에는 이와 같이 한국말이 많이 들어 있습니다. 그리고 백제군에 관한 것은 제가 이 책에서 예시했습니다만, 아키히토천황이 '내 몸에는 한국인의 피가 흐른다.'고 하면서 '제50대 칸무천황은 백제인 화신립和新笠 황태후의 몸에서 태어났다.' 하는 그러한 내용인데, 제가 그래서 오래된 인쇄본 역사책을 가져왔습니다.

이게 바로 일본 천황이 보았다는 왕실 편찬 역사책입니다. 여기에 보면 거의 책갈피를 넘길 때마다 백제 역사가 나옵니다. 백제군 뿐만이 아닙니다. 백제 왕족들이 백제가 망한 뒤에 일본 왕실에 건너가서 장관들을 지낸 발자취가 상세하게 나옵니다. 이러한 역사의 내용들을 잘 토파吐破 볼 필요가 있습니다. 그러는 가운데 우리 역사를 바르게 찾아볼 수 있고 바르게 인식할 수 있습니다.

이건 다른 이야기가 되겠습니다만, 최근에 미국에 있는 학자가 『일본 속의 백제 구다라』이 책을 보고서 영문으로 써 달라는 요청을 해왔습니다. 그래서 영문으로 여러 가지 중요한 내용을 써서 메일을 보내드렸습니다. 그랬더니 최근에 그 분의 메일이 왔습니다. 미국 학회에서 그것을 발표했는데, 그 학회는 경제관련 학회였기 때문에 주최 측에 양해를 구하고 역사 내용을 발표했다고 합니다. 그러자 거기 있던 일본 학자들이 상당히 볼멘소리를 하더라는 내용이 메일로 들어와 있었습니다. (영문판 뉴스위크지를 보면서) 이 영문판을 그분에게 보내주려고 가지고 왔습니다. 2002년 3월 18일자 미국 시사주간지이니까 그곳 도서관에서 찾아보라고 했습니다. 영문판에도 일본 천황이 자기 몸에는 한국인의 피가 흐른다고 했고, 그리고 여러 가지 내용이 백제와 연관된 것이 다 들어있기 때문에 이것을 일본 학자들에게 보여주는 것이죠.

백제가 요즘에는 많이 알려지고 있지만 아직도 알려져 있지 않은 것이 많습니다. 그래서 저는 일본어로 책을 출판할 예정입니다. 우에다 마사하키 박사는 저보고 일본어로 쓰면 책을 출판사에 소개해서 내주

▪ <백제문화> 강연장에서 우에다 마사아키 교수와 저자(2009.7.9)

겠다고 했습니다. 반드시 그렇게 할 작정입니다.

그러나 제가 일본어로 책을 내기 전에 사실은 국내의 많은 국민들이 우리 한국의 고대 역사의 발자취들을 아는 것도 중요하다는 게 제 소견입니다.(홍윤기 교수의 일본어판『京都·大阪의 韓國渡來文化』서울 한누리미디어, 2013. 6. 25발행, 편집자주)

## 오사카는 백제군이었다

오사카 난바 지역을 말씀드렸는데, 지금은 간척을 해서 고대 해변 지대가 큰 육지가 됐습니다.

'난바'의 의미는 어려운 물결을 헤치고 백제로부터 건너와서 터를 잡은 터전이라는 뜻이죠. 제가 다음 번 강의 때 난바에 대해 더욱 자세히 말씀드리겠습니다.

왕인王仁이 지은 일본 최초의 시, '난파진가難波津歌'가 있습니다. 번화가인 난바에서 도톤보리가 지금의 난바 중심가입니다. 이 도톤보리도 백제인이 만든 것입니다. 우리나라의 서울 청계천 같은 곳입니다. 벌써 4~5백 년 전 얘깁니다. 오사카의 백제인 태수가 지휘해서 만든 겁니다.

(도톤보리 사진을 보면서) 이게 그 도랑이죠. 청계천과 같은 곳입니다. 나리야스 도톤이라는 분이 팠다는 것을 일본 학자가 밝히고 있습니다. 지난 2005년에 〈구마다 신사 경내 사적 산책〉이라는 연구론에서 밝힙니다. 일종의 운하죠. 더구나 나리야스 도톤의 선조가 누구냐 하면, 사카노우에 다무라마로라고 하는, 처음에 말씀드린 백제인 화신립 황태후가 낳은 칸무천황의 총애를 받던 백제인 후손 장군이었습니

백제인들의 개척지, 오사카

◀도톤보리
사카이항▶

1강 오사카는 '구다라스'(百濟洲백제주)라는 백제인들의 개척지   21

다. 이 사람 때부터 일본에서는 소위 최고위 '정이대장군'이라는 명칭이 나오기 시작합니다. 그 사람이 칸무천황의 총애를 받았는데, 그 이유는 뭐냐? 일본 북쪽에서 쳐내려오는 아이누족과 일부 일본 선주민들이 서로 손잡고 백제 후손 칸무천황의 새로운 왕도인 교토를 위협하자 사카노우에 장군이 몇 번에 걸쳐 남하하는 자들을 물리칩니다.

교토에 가시면 기요미즈데라淸水寺라는 유명한 절이 있는데 이 절을 만든 사람이 사카노우에 다무라마로 장군입니다. 물론 안내문에는 그런 내용이 없습니다. 하지만 옛날 문헌 속에는 다 들어 있습니다. 그러니까 우리가 역사를 바르게 알 필요가 있죠. 내 것을 가지고도 내 것의 값어치를 모른다면 그것은 어리석은 것입니다.

오사카의 중심지가 난바, 우리말로 난파라고 말씀드렸는데, 여기 난바에는 예전엔 난바궁이 있었습니다. 그래서 백제 왕씨百濟王氏들이 살았다는 역사가 일본 학자들에 의해 밝혀집니다. 백제 왕씨는 백제 왕족이라는 말입니다만, 이 분들은 의자왕의 아들, 손자 그런 사람들을 말합니다.

여기 백제왕신사라는 사당이 보이죠. 이건 왕이라는 것이 아니고 백제왕족의 사당이라는 뜻입니다. 지금도 있습니다. 이것은 일본 왕실에서 직접 세워준 사당입니다. 우리나라에 백제왕 사당이 있습니까? 일본 오사카부 히라카다시에 있습니다. 백제 왕손 선광善光을 모신 사당입니다.

여기 도리이鳥居가 보이죠? 도리이는 무슨 뜻입니까?

어째서 사당 입구에 이러한 도리이를 세웠을까요? 도리이는 사실은 솟대입니다. 어떻습니까? 고대 민족은 소도蘇塗라고 해서 부여며 고구

▪ 백제왕신사 도리이

▪ 백제왕신사 정전(상). 백제왕신사는 일본의 오사카부 히라카타시에 있는 신사로 백제 왕조
의 선조를 모시고 있다.

려를 비롯해서 신라, 백제의 조상들은 일찍부터 지금의 중국 '만주 땅' 지역인 고대 부여 땅 등에서 천신天神 제사를 지냈습니다. 이 때 소도 터전에서 제사를 지냅니다. 그래서 솟대를 세웁니다. 기다란 장대 위에 새를 앉힙니다. 이 새는 주로 기러기를 말합니다. 기러기가 북쪽에서 남쪽으로 왔다 갔다 하지 않습니까? 기러기는 천신이 사시는 하늘의 소리를 지상에 전하는 새라고 해서 이렇게 솟대를 만들었다는 것입니다. 이 솟대의 발자취가 도리이입니다. 한자어로 조거鳥居 아닙니까? 이러한 것이 지금까지 하나하나 제대로 밝혀지지 않았습니다. 찾아낼 것이 너무도 많다고 봅니다.

일본에 가보면, 큐슈 북서쪽 사가현 요시노가리라는 곳에 고대 야요이 시대(BC 2300년~BC 1700년 사이)의 백제인들의 농업터전이 있습니다. 이것을 밝힌 분이 지금 일본 고고학회 회장인 니시타니 타다시西谷正 교수입니다. 5년 전에 영암에서 마한역사박물관 건립을 위한 학술강연회를 했는데, 그때 백제 농업이 일본으로 건너왔다고 밝혔습니다. 이분 논문이 많이 있습니다. 작년에는 저와 함께 공주대학교에서 특강을 했습니다. 그러니까 일본 각지를 밟고 다니면 거의 모두 백제 아니면 신라의 옛터전입니다. 저는 그래서 일본에 가서 다니면 우리 조상들의 옛터전이라는 데서 남의 나라라는 생각이 안 듭니다.

일본 사람들의 모습은 어떻습니까? 여러분이 일본에 가서 가만히 있으면 한국 사람이라고 할 사람은 아무도 없습니다. 마찬가지로 대전이고 서울이고 일본 사람이 와서 가만히 있으면 일본 사람인 줄 모릅니다. 왜 그럴까요? 생김생김부터 똑같은 혈족이기 때문에 그렇습니다.

백제왕신사

■ 백제왕신사의 경내

■ 백제왕신사의 후원자들의 석패石牌가 줄지어 섰다. 신사 경내에 있는 백제사 터전 비석(우)

도쿄대학에 하니와라 카즈로 교수가 있는데, 이 분은 사람의 뼈와 해골을 연구하는 인류학 교수입니다. 이 분이 지난 1995년에 일본 전국의 인류학 교수들과 공동 연구로 밝힌 것을 보면 일본인의 78%~92%는 조상이 한국 도래인渡來人이라고 밝힙니다. 이건 덮어 놓고 밝힌 것이 아니고 일본의 고분古墳시대, 이를테면 5세기를 전후한 시대의 무덤에서 나온 뼈를 가지고 연구한 겁니다. 그래서 통계를 낸 겁니다. 지금 현재 일본인들의 약 80% 이상은 조상이 모두 한국인이라는 뜻입니다. 그 중에 거의 대부분은 백제입니다. 물론 신라, 가야, 고구려 쪽 사람들도 많이 섞여 있습니다. 그러나 대부분은 백제입니다. 백제가 망했을 때 일본에 건너간 숫자가 얼마나 되는지 아십니까? 660년에 망하고 663년에 완전히 망했을 그 무렵에 관해서 일본 도호쿠東北대학의 세키 아키라 교수가 지금으로부터 40년 전에 쓴 그분의 연구론을 보면 약 10만 명이 건너왔다고 합니다. 그런데 10만 명이 아닙니다. 사실은 30만 명 이상이 건너갔습니다.

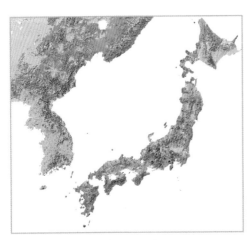

■ 한반도와 일본 열도 지도

여러분은 일본 열도가 어떤 곳이었는지 아실 필요가 있을 것 같습니다.

몇천 년 이전부터 고대 일본에는 동남아시아, 특히 인도네시아 섬 사람들이 건너와 살게 되었다고 합니다. 그 이유는 난류는 남쪽으로부터 북쪽으로 흐르는데, 난류인 쿠로시호黑潮

해류를 타고 일본으로 표류해 온 것입니다. 따뜻한 큐슈, 시코쿠 등에서 살면서 원시적인 생활을 하였습니다. 동굴 생활을 하고, 옷이 없고, 바닷가에서 조개를 캐먹고, 짐승을 사냥하면서 살았습니다. 이러한 지역으로 한반도의 백제, 신라 문화가 건너갑니다. 동해 바다로는 파도가 매우 거세어 일본 열도로 건너가기 힘듭니다.

그런 가운데 한반도 남쪽지방 각지의 여러 가지 문화가 건너감으로써 미개인의 문화를 하나 둘씩 개선시켜 준 겁니다. 벼농사가 건너가기 전에는 그 사람들은 쌀밥을 모르는 거죠. 그래서 일본의 학자들이 쓴 연구론을 보면 백제 신라로부터 농업이 들어 온 뒤에 백년 이백년 동안에 키가 10cm정도 더 커졌다는 연구도 나옵니다. 물론 벼가 한국에서 건너갔지만, 동남아와 중국을 거쳐 우리나라에 들어왔던 거죠. 우리나라에서 농사를 짓던 게 일본으로 쉽사리 건너가지 못했는데 차츰 훌륭한 배가 만들어지면서 백제며 신라로부터 산업문화가 전해지고 문자문화 등 여러 가지가 전해집니다.

어쨌든 오사카 지역은 백제군이었다, 구다라스라는 백제주, 백제국가였다는 것이 7세기 중엽인 646년 행정 지명으로 나왔었는데 그것이 뒷날 사라집니다. 언제 사라지냐면 16세기 끝무렵인 1592년 직전부터 사라집니다. 1592년이면 어느 시대일까요? 바로 풍신수길의 임진왜란 시기입니다. 그래서 제가 추찰推察컨데 풍신수길이라는 자가 그 당시 조선을 침략하기 위해서 일본땅의 여러 가지 백제 신라 관계 역사의 자취들을 제거했다고 봅니다. 따지고 볼 것도 없이 16세기 말 그 당시까지는 일반인들이 책을 보지 못했습니다. 그 당시 사회는 전제사회이기 때문에 지배자와 절대다수의 피지배자들 사회입니다. 설

혹 역사책이 있더라도 문맹이기 때문에 책을 볼 수도 없습니다. 물론 종이도 붓도 먹도 없습니다. 다만 지배세력 중 왕실이나 일부 귀족만 역사책 등을 가지고 있었어요. 그래서 일본이 그때부터 역사왜곡을 본격적으로 시작했던 것 같습니다.

서기 720년에 『일본서기』라는 역사책이 나왔을 때는 백제인 안만려安萬呂라든지 백제계열 왕실에서 썼던 역사 내용들이 풍신수길豊臣秀吉이라는 자에 의해 철저하게 왜곡이 되지 않았나 저는 추찰하고 있습니다. 그 당시 풍신수길은 오사카성에 살았고 국가의 최고 실권자였습니다. 교토의 왜 왕실도 그의 막강한 무력에 주눅이 들어 있었던 시대입니다. 물론 저는 아직 결정적인 증거를 못 찾았기 때문에 단언은 안합니다.

풍신수길이, 명나라를 칠테니 조선이 길을 열어달라고 했죠. 그러기 전에 일본을 백제가 지배했다고 하는 내용을 제거하는 데 힘쓰는 가운데 백제군이라는 지명들이 역사책 속에서 없어지게 되었습니다. 그랬다가 그 후에 백제 지명들이 다시 등장하게 됩니다. 그러나 19세기 말엽인 1889년에 백제군이 또다시 없어집니다. 왜 없어졌느냐? 일본이 1886년에 소위 명치유신을 하면서 서양의 문물을 받아들이기 시작하죠. 그러면서 일본이 어떤 나라로 변하느냐하면, 군국주의 국가로 탈바꿈합니다. 서양을 배우면서 군국주의 국가가 됩니다. 이 무렵에 백제라든지 신라 등 한국 관계 발자취를 닥치는 대로 제거해 나갔습니다.

이렇게 백제군 행정지명이 없어진 다음에 어떠한 것이 생기느냐 하면, 오사카 백제군 지역에 새로운 명칭으로 북백제촌北百濟村, 남백제

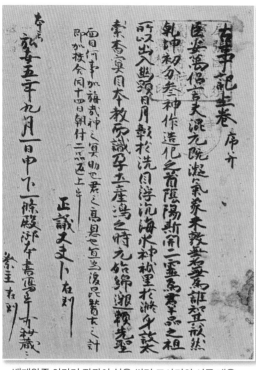

- 백제왕족 안만려 장관이 처음 썼던 고사기의 서문 내용

- 풍신수길이 역사를 함부로 개찬改竄한 것 등에 대한 일본 학자들의 비판 내용

- 백제 유적지에서 발굴된 목간에도 엄연히 '백제군百濟郡'이라는 지명과 백제인 벼슬아치의 신분 등이 밝혀져 있다.

촌南百濟村이 생깁니다. 물론 정식 행정지명입니다. 그러나 일제하에 이르면서 '백제촌'이라는 행정지명은 다시금 제거돼버립니다. 그렇지만 지금도 오사카 중심지에는 백제역百濟驛, 백제 버스 정류장, 백제대교百濟大橋 등의 명칭이 다양하게 있습니다. 일제가 모두 제거시키지는 못한 것입니다.

그리고 남백제소학교가 번듯하게 있습니다. 작년에 제가 충청남도 이완구 도시사와 함께 일본에 가서 남백제소학교 교장을 만났습니다. 이분이 직접 여러 곳을 안내해줬어요. 백제사 터전이라든지 그러한 곳들도 이분이 안내를 해줬어요.

그날 마침 비가 부슬부슬 왔는데 그냥 우산을 쓰고 걸어서 다녔습니다. 우린 물론 버스를 하나 가지고 갔습니다만, 그 근처 지역이기 때문에 걸어 다녔습니다. 학교에서도 이분은 어린이들에게 백제에 대해 가르쳐주고 있다고 합니다.

(지도를 보면서) 백제역이 바로 여기에 있습니다. 화물역으로 돼 있습니다. 옛날에는 구다라역이 여기에 있었습니다. 일본 국철역입니다. 일제하에 백제역도 이름을 바꿔서 동부시장역이 되었습니다. 그런데 이름을 없앤 백제역의 약 2백미터 지점에 화물역으로서의 백제역을 새로 만들어서 아직 백제역 명칭은 실존합니다.

그럼에도 불구하고 오사카를 가면 각 지역에 아직도 백제라는 명칭이 많고, 거리에도 백제라는 간판이 많이 있습니다. 여러분이 더러 관광을 가시는데 사실은 저런 지역을 돌아봐야 합니다.

그냥 뭐 오사카에 가서 오사카성이나 보면 뭐합니까? 우릴 공략했던 풍신수길이 쌓은 성이지 않습니까? 침략자의 야욕을 살펴본다는

## 오사카의 남백제소학교

- 남백제소학교

- 남백제소학교 정문 앞

- 남백제소학교 교장과 저자

역사적 의미는 있겠습니다만….

현재 일본 오사카에 남아 있는 백제의 자취는 헤아릴 수 없을 정도입니다. 아무리 지우려 해도 다 지울 수가 없습니다. 지워도 지워질 수 없는 것이 역사의 흔적이 아닐까요.

이것은 버스정류장 사진이고, 여기는 평야천平野川입니다. 바로 여기도 백제교가 있는 지역인데, 원래 명칭은 백제천百濟川이었습니다. 1922년에 일본 학자가 쓴 〈오사카 지역 연구론〉을 보면 평야천이 아니고 백제천이었습니다. 그리고 이 일대 벌판이 백제야百濟野였습니다. 백제야가 뭡니까? 백제 들판입니다.

이것은 마이니치신문입니다. 2007년 7월 6일자, 마쓰이라는 기자가 쓴 기사인데요, '도래인이 토지의 터전 원형을 만들었다.'고 했습니다. 오사카 중심지에 백제야, 구다라노. 지금 명칭은 히라노지만 예전에는 백제강, 즉 구다라가와입니다. 이제 여러분들은 구다라라는 말을 많이 좀 입에 담으실 필요가 있습니다. 이와 같은 하나하나의 증거들이 있습니다. 제가 주장하는 것이 아닙니다. 저는 문헌사학을 하기

= 백제 버스정류장

= 백제대교

■ 오사카 백제역 주변 표지판과 백제역

■ 예전에는 백제강으로 불렸던 히라노강

■ 평야천. 본래 백제천을 일제가
평야천으로 바꿨다.

때문에 역사를 바르게 고증할 것을 찾아다니는데, 조그만 흔적 하나 하나를 확인하려고 찾아다닙니다.

아무튼 한국인들은 오사카 지역을 돌면서 백제의 이름을 보면 누구나 가슴이 울립니다. 알렉스 헤일리라는 미국의 흑인 작가는 자기 외갓집 조상을 찾느라 흔적도 없는 아프리카 오지를 누비고 다니면서 끝내 조상의 땅을 찾아냈습니다. 그리고 1975년에 『뿌리』라는 책을 엮어내지 않았습니까? 그러나 일본 땅에는 이러한 자취들이 모두 다 살아 있습니다.

이것은 백제인 주군총酒君塚입니다. 인덕천황을 백제인 기마민족의 일본 왕이라고 밝힌 저명한 일본 학자들이 여럿이 있습니다. 바로 그 인덕천황이 아끼던 사케노키미라는 장관의 묘비입니다.

당시 인덕천황은 매사냥을 좋아했는데, 사케노키미는 매를 관리하던 관청의 장관으로 있었습니다. 장관이 죽자 천황이 묘비를 세워준 것입니다. 이곳도 남백제소학교 교장이 저희들을 안내해 가서 사진도 찍고 했습니다.

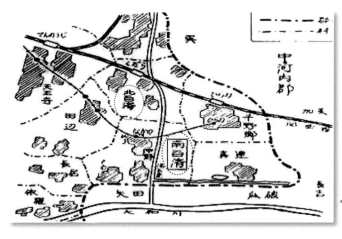

= 북백제와 남백제를 표시한 고지도

# 인덕천황이 총애한 백제인 고관 사케노키미의 묘지, 주군총

■ 주군총酒君塚 비석

## 酒君塚

酒君は『日本書紀』仁徳天皇の四一年三月条によれば、百
あり、仁徳天皇の命を受けて鷹を飼育したとあります。また
は、『日本書紀』仁徳天皇の四三年九月
是の月に、はじめて鷹甘部を定む。故、時人、その鷹養
けて、鷹甘邑という。
の記事にちなむといわれています。
この酒君塚は、江戸時代中頃に成立した『摂津志』によ
住吉郡鷹飼部第宅の古蹟、鷹合村にあり。また、
今平塚と称す。
とあり、「鷹甘部の墓」あるいは「平塚」と呼ばれていた

■ 주군총酒君塚 안내판

이러한 흔적들 하나하나 백제의 뚜렷한 발자취를 우리는 잊을 수 없습니다. 저는 그래서 역사라는 것은 발로 써야 한다고 봅니다. 현장을 답사해야 합니다. 책에서 찾아서 고증하기 위해서 걸어가서 다시 찾아내야 합니다. 걸어가 보지 않고는 안 됩니다. 걸어가서 일일이 묘지고 사찰이고 사당이고 거기에 관한 옛 문헌들을 하나하나 깡그리 뒤져서 기록해야 합니다. 참으로 백제는 공부할 게 너무나 많습니다.

여러분과 오늘 첫 강의를 시작했습니다. 근본적인 말씀을 드리자면, 앞에서 지적했듯이 일본의 저명한 학자들 중에 일본 천황이 백제인이라고 주장한 분은 여럿 있습니다. 1960년에는 됴쿄대학의 이노우에 미쓰사다 교수, 교토대학의 우에다 마사아키 교수, 와세다 대학의 미즈노 유 교수, 그리고 현대에 오게 되면 이시와타리 신이치로라는 학자. 이 분들이 '일본 천황은 백제인이다.'라고 밝혔습니다.

이것은 이시와다리 신이치로씨가 쓴 『백제에서 건너 온 응신천황』이라는 책입니다. 이분은 아주 구체적으로 연구했습니다. 이 책이 나온지도 8년이 됩니다. 2001년 5월에 나왔습니다. 연로하신 이분과는 이메일로도 많이 교류를 했는데, 작년에 이 분에게서 메일이 들어왔어요. 일본 문부과학성 쪽에서 자기를 너무 학대하기 때문에 메일을 보낼 수 없다고 해요. 제

-『백제에서 건너온 오진천황(百濟か
ら渡來した應神天皇·2001)』

天皇陛下、誕生日を前に会見

「韓国にゆかり
感じています」

W杯 交流願う

"한국인의 피가 흐르
고 있는 것을 느낍니다."
(2001.12.24. 아사히신문.
아키히토 천황의 기자회견)

- 백제 무령왕의 동상

- 공주의 백제 무령왕릉

- 무령왕릉 안내 표지판

가 그 파일을 가지고 있습니다.

일본 학자들 중에는 여러 가지로 극우세력의 협박을 받은 사람들이 많습니다. 우에다 마사아키上田正昭 박사 같은 분. 이분 말씀을 앞으로 많이 할 겁니다. 저하고 30년 이상을 교류했고, 국내와 일본서 자주 함께 강연을 했습니다. 매우 훌륭한 학자죠. 이 분이 백제 칠지도에 대한 것도 밝혔습니다. 우리나라에서 지난 해 문화훈장을 드렸어요.

우에다 마사아키 교수의 입을 통해서 제30대 민달천황이 백제 왕족이라는 것이 밝혀 집니다. 일본 왕실 족보에 민달천황이 백제 왕족이라는 글자가 나옵니다. 그러한 내용들, 이러한 것을 하나하나 접하면서 우리가 고대 백제인들이 얼마나 훌륭했냐, 일본을 거의 완벽하게 지배했냐 하는 것을 알 수 있습니다. 고대 일본을 지배했다는 것은 전부를 지배한 게 아니고 오사카, 나라, 교토 지방을 지배했다는 것입니

■ 백제 성왕의 신주를 모신 사당(교토 히라노신사 경내)

다. 북해도는 거의 관계없고, 교토, 오사카, 나라 지방을 중심으로 국가가 형성되었던 것입니다. 왕실은 백제인들이라는 게 많은 고증을 통해 발굴이 됐습니다.

6세기 말경 응신천황부터 백제가 일본을 완벽하게 차지해가지고 내려오게 됩니다. 일본 역사책에서는 '응신천황이 3세기 말부터 (270~310)'라고 썼으나 6세기 말부터입니다. 이것이 큰 역사왜곡입니다. 더 구체적인 것은 계속 밝히겠습니다.

그리고 일본 왕실이 지금까지도 핏줄이 백제인이라는 게 여러모로 입증되고 있습니다. 2004년 8월 5일, 일본 왕자가 공주 무령왕릉에 와서 제사를 지내고 갔습니다. 이 분이 일본 왕자인 아사카노미야朝香宮라는 분인데, 1,300년 전 일본 왕실의 향과 향로를 가지고 와서 당시 공주 시장 오영희 씨에게 기증한 것을 연합뉴스가 보도했습니다.

■ 백세 성왕의 신주를 모셨다는 안내판(히라노신사 입구)

무엇 때문에 일본 왕자가 백제 땅에 건너와서 제사를 지냈을까요? 아키히토천황의 윤허를 받고 왔다고 합니다. 그리고 돌아가면 천황에게 보고를 드린다고 합니다.

재미있는 말씀을 드린다면, 지난 7월 9일날 일본 큐슈에서 제가 강연할 때, 우에다 마사아키 교수가 저와 나란히 함께 식사를 하면서 저에게 여러 번 그래요. 작년 11월에 교토에 아키히토천황이 온 일이 있었습니다. 그때 같이 식사를 하자고 해서 했답니다. 그러면서 백제에 대해서 물어보시기에 자기가 여러 가지 얘기를 많이 했다, 백제에 대해서 왜 그렇게 관심이 많은지 모르겠다고 하면서 일부러 강조를 해요. 그래 저도 상당히 기분이 좋았습니다.

일본 아키히토천황도 자기가 백제인이라는 것을 알고 있는 겁니다. 이미 50대 칸무천황의 어머니가 백제인이라고 했는데, 사실은 49대 광인천황도 백제인입니다. 제가 『후쿠로소시』라는 일본 고대 문헌을 찾아낸 게 있습니다. 앞으로 강의를 통해서 여러 가지 말씀을 드리겠습니다.

사실 오늘 첫 강의인데 다소 두서가 없었지만, 이런 강의는 한 번 들어서는 자리가 잡히는데 시간이 걸릴 겁니다. 우리 한국에는 없는 백제왕 사당이 일본에 있고, 여러 가지 앞으로 말씀 드릴 게 많습니다.

여러분들이 이 시간을 통해서 백제가 얼마나 훌륭한 국가였느냐 하는 것을 조금이나마 아시는 계기가 되길 바랍니다. 우리 모두 긍지를 가지고 한국인으로서 우리 역사를 바르게 인식하는데 참여했으면 좋겠습니다.

감사합니다. 🏯

平野御哥

うちかへしものことのおやのおほちろう
もろ〱神のこゝろなれ〱

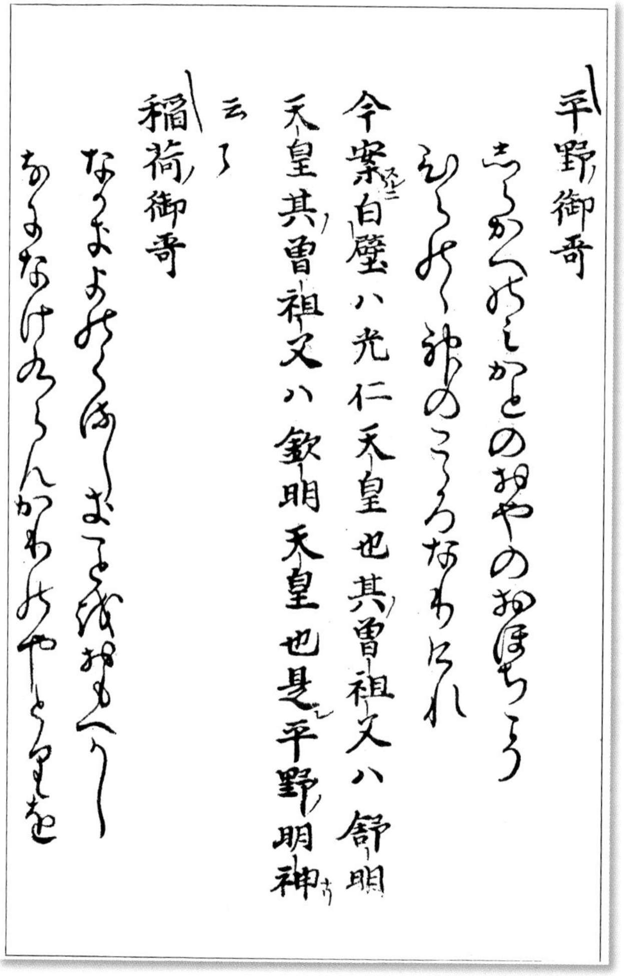

今案白璧ハ光仁天皇也其曹祖文ハ欽明
天皇其曹祖文ハ欽明天皇也是平野明神
云〻

稲荷御哥

なるよみよりくまて戌おもへ〱
あらなけのゝんかわみやもを

- '일본 천황은 백제인'이라는 사실이 분명하게 기록되어 있다.

여러분 안녕하십니까? 여러분과 함께 오늘 두 번째 강의에 들어가겠습니다.

일본 열도에 개가 건너갑니다. 이를테면 자그마한 섬조차 없는 망망한 앞바다를 보고 개가 저 혼자서 건너갈까요? 개는 그 바닷가에서 자의로 바다를 건너갈 이유가 없겠죠.

여기 개가 있는데 바다에는 아무것도 안 보입니다. 건너가겠습니까? 일본 아자후 대학에 유명한 학자가 있습니다. 다나베 유이치田名部雄- 교수, 이분은 수의학과 교수인데 이분이 지난 1985년에 논문을 써서 저한테 보내주셨어요. 지금부터 약 30년 가까이 되었죠. 이 다나베 유이치 교수가 저에게 보내주신 논문의 제목이 흥미롭습니다.

〈개로부터 찾아내는 일본인의 수수께끼(犬から探る日本人の謎, 1985)〉라는 논문인데, 이 논문을 보면,

"지금으로부터 2000년 전 무렵, 한반도에서 '야요이인'(彌生人, BCE 3C~CE 3C 시대 한국인)이며 '고분인'(古墳人, CE 3C~6C 시대 한국인) 등 도래인들이 일본 열도로 건너오면서 새로운 종류의 개를 데리고 왔다. 그

이후로 일본 선주민은 도래인과 혼혈하여 현재의 일본인들이 성립되기 시작하였고, 그와 마찬가지로 일본 개도 도래한 개들에 의하여 일본 견종犬種이 새로이 성립되었다."

2,300년 전부터 얘기가 됩니다만, 야요이 시대(BCE 3C~CE 3C) 이후에 고분 시대(CE 3C~6C)라는 것은 무덤을 처음으로 만들게 된 시대라는 뜻입니다. 역시 한반도에서 건너간 사람들은 무덤을 만들 수 있었다는 것이죠. 미개인들이 무덤을 만들 줄 알았겠습니까? 무덤을 못 만들죠. 미개인들은 그냥 세상 떠나면 산이나 바닷가에 시신을 내버렸어요. 그러나 한반도의 문화인들, 이 선진국 사람들은 묘지를 만들었습니다. 특히 5세기부터는 한반도식 묘지(백제 횡혈식 고분)가 많이 늘어나죠. 그만큼 도래인들이 증가한 것입니다. 그래서 일본에서 한반도 사람들이 묻힌 묘지들이 계속 발견되고, 거기서 여러 가지 그릇

= 고대 백제의 농업 유적지 사가현의 요시노가리

이라든지 도구가 나옵니다. 한반도의 백제라든지 신라, 고구려 지방의 것이라든지, 또는 가야 등 지역의 것들이 나옵니다. 이와 같은 문화가 건너가서 미개한 터전에 문화를 심었다고 하는 그러한 것이 입증이 됩니다. 아자후 대학의 다나베 유이치 교수의 연구론은 상당히 재미있고 중요하지요.

개는 저 혼자 일본 땅에 건너올 수 없었다는 것이죠. 망망한 바다에서 개가 건너갈 리는 없죠. 섬이 보인다면 몰라도요. 화면에 일본 열도가 보입니까? '개는 사람이 데리고 왔다. 도래인들이 야요이 시대에 데리고 온 개들이 일본 개의 조상이 되었다' 하는 얘기입니다.

그 후 1993년에 이분이 좀 더 구체적인 논문을 또 보내주셨어요. 〈일본문화의 기원〉이라는 논문인데, 그 논문을 읽어보니 더욱 구체적인 중요한 대목들이 있었어요.

일본의 천연 기념물에 네 가지 종류의 개가 있습니다. 이 네 가지 개의 유전자를 분석했더니 우리나라의 진도견, 또 제주도 개 이러한 유전자들이 나왔다 이겁니다. 그래서 일본 개의 조상은 한반도의 진돗

■ 백제 고대 농업지역 요시노가리의 솟대 앞에서 저자

개라든지 제주도 개라는 것입니다. 이것이 현재 일본의 천연기념물 개다, 이러한 사실은 현재 우리나라에 많이 알려져 있지 않습니다. 개가 한반도로부터 건너왔는데, 개를 사람이 데리고 왔다 이겁니다. 이와 같이 당시 미개한 일본열도의 선진 문화는 모두 한반도로부터 하나하나 건너갔다 이런 것이죠.

아자후 대학의 다나베 유이치 교수하고는 그동안에 여러 번 접견했습니다. 저는 유전학자는 아니지만, 그 분은 역사학적 입장에서 유전학을 하시는 분이기 때문에, 이렇게 자기 학문분야에서의 설득력 있는 이런 연구론 발표는 평가할 만하다고 여깁니다.

일본의 국수론자들은 모든 것을 자기네가 만들었다고 주장하지만 미개한 곳에서 과연 뭘 만들 수 있었겠습니까? 그 사람들은 옷이 없었습니다. 한반도 백제며 신라로부터 베틀이 건너가서 비로소 일본에서도 옷감을 짜게 된 것입니다. 근년에는 일본 오사카 유적지에서 5세기 백제 베틀의 부품이 발굴되어 큰 화제를 일으켰지요. 2005년 6월의 일인데요. 일본 오사카의 백제왕신사 근처에 유적지가 있습니다. 나시

▪ 큐슈의 백제인 터전인
다자이부 비석들

쓰쿠리 유적이라고 하는 곳인데, 이곳에서 백제 베틀의 한 부분이 나왔습니다. 이게 5세기 초의 것입니다.

이러한 내용을 그 당시에 발굴한 학자(구로스 아키코黑須亞希子)가 논문을 보내오고 해서 읽어봤습니다. 지금의 일본의 베틀도 결국 최초의 베틀은 백제로부터 건너갔다는 것이고, 백제의 그 옷을 만든 재봉사도 6세기 오진왕應神王(6C) 시대에 백제로부터 건너갔다 이거에요. 그러니까 벌거벗고 살던 사람들에게 옷을 입힌 것도 결국은 백제입니다.

베틀이 왜 갔겠습니까? 백제인이 건너감으로써 베틀이 건너간 것이지 섬나라에 벌거벗고 사는 사람들에게 옷을 입히려고 건너간 것은 아닙니다. 이러한 것과 마찬가지로 모든 문화가 하나하나 건너갔는데, 특히 우리가 주목할 만한 것은 문자문화에 대한 것이죠.

여러분, 문자문화가 어떻게 건너간 것인지 우리 역사에 약간 나오죠? 뭐라고 나옵니까? '왕인王仁이 『천자문』 1권과 『논어』 10권을 가지고 건너갔다' 이렇게 간단하게 나옵니다.

6세기 초에 일본에서 왕인을 모셔 가는데, 누가 모셔 가느냐? 백제 왕실의 오진應神이라고 하는 일본 왕이 모셔갔습니다. 일본 역사책에도 모셔갔다는 사실이 나옵니다. 일본에서 사신을 보내가지고 사신이 모셔갔다. 그런데 오진왕 시대에 백제에서 건너간 학자는 왕인이 최초가 아니고, 아직기阿直岐라고 합니다. 왜 왕실에 살던 아직기 왕자의 벼슬 이름은 왜한직倭漢直(야마토노 아야노 아타히)입니다.

오진왕은 어떤 분이냐?

여러분이 궁금해 하실 것 같아서, 옛날 이분의 초상화가 있는 것을 제가 구한 것입니다. 이게 아마 우리나라에서 공개된 일은 없을 거에요.

## 큐슈의 왕인사당, 천만궁天滿宮

■ 왕인사당 입구의 도리이

■ 왕인 신주 표석

■ 왕인 석각비

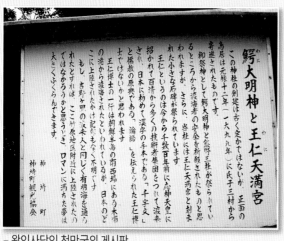

■ 왕인사당인 천만궁의 게시판

■ 왕인 석각비

이것이 오진왕의 모습입니다. 이분이 머리에 쓰고 있는 것이 무엇일까요? 이것의 명칭을 아십니까? 이게 옛날 일본의 고대 그림인데, 이분은 방한모인 '남바위'를 쓰고 있습니다. 이러한 고대 방한모도 한반도로부터 건너갔다는 것이 저 그림으로 입증이 됩니다. 한반도로부터 모든 문화가 건너간 가운데 아직기에 의해서 말 암수 두 마리가 건너갔습니다.

　　아직기가 오진왕의 왕실에 건너가서 왕자들을 가르치면서 어느날 오진왕에게 그럽니다.

　　"사실 저보다 훌륭한 젊은 학자가 백제에 있습니다. 그 학자를 초청하면 좋겠습니다."

　　그 말을 듣고 오진왕이 "그럼 모셔오자!" 하여 백제에서 데려온 사람이 왕인입니다. 왕인王仁(벼슬이름은 西文首, 카와치노 후미노 오비토), 박사 왕인이죠.

　　왕인 박사는 아직기가 찬양하기를, 아주 젊고 똑똑한 학자입니다.

■ 남바위를 쓴 오진천황 신상(곤지왕자)

■ 도포를 입은 왕인 초상화

▪ 왕인박사의 사당 '사이린지' 터전에서 발굴된 거대한 주춧돌(지름 1.5m).

▪ 오사카부 히라카다시의 왕인묘역 '박사왕인지묘'라는 묘비가 보인다.

그래서 왕인을 모셔갔고, 일본 왕실에서 왕자들을 가르치게 됩니다. 이때에 『천자문』과 『논어』를 가지고 갑니다. 그것이 일본 역사책에 나옵니다.

이 천자문은 사실상 여러 가지 문제가 있습니다. 왕인이 건너간 시대가 언제입니까? 일본 역사서에서 보면 3세기 말에서 4세기 초입니다. 이 3세기 말에서 4세기 초에 왕인이 건너갈 때 천자문을 가져갔다고 했는데, 그럼 어떤 천자문을 가져갔을까요? 우리가 아는 천자문은 뭡니까? 6세기 양梁나라의 주흥사周興嗣(502~549)의 천자문이에요. 하늘천 따지 검을 현 누르 황 하는…. 그렇죠? '천지현황天地玄黃, 우주홍황宇宙洪荒…' 그 천자문 말입니다. 3세기 말에서 4세기 초에 왕인이 6세기 양나라 주흥사의 천자문을 가지고 갈 수 있었겠습니까? 주흥사는 후대 사람이죠. 가져갈 수 없죠. 그래서 일본의 일부 국수적인 학자들이 지금부터 약 200년 전후한 시대에 왕인을 퇴박줍니다.

"왕인이 천자문을 가지고 왔다니 무슨 그런 거짓말이 있냐? 6세기 사람 것을 어떻게 3, 4세기에 가져올 수 있느냐?"

설득력이 있습니다. 양나라 주흥사의 천자문은 절대로 가지고 갈 수가 없습니다. 그렇듯 논리적으로 성립이 안 되는 사실인데….

그럼 어떻게 천자문을 가지고 갔느냐 하는 것을 제가 주목하게 되었습니다. 그래서 조사를 쭉 해봤더니, 천자문은 양나라 주흥사가 처음 쓴 것이 아닙니다. '천지현황, 우주홍황…' 하는 양나라 주흥사 천자문이 아니고, 이미 2세기 위魏나라 종요鐘繇(151~230)라는 학자가 쓴 최초의 천자문이 있습니다.

2세기 중엽에 태어난 종요라는 학자가 있습니다. 이 사람의 천자문

王羲之　書

鍾繇　千字文

二儀日月雲露巖霜　情薪孔血卄堂墳典

夫貞婦絜君聖臣良　主盛李林梧桐新鬱

尊卑舊別禮義羚莊　表正學優卿達紙墨

存而相欣離藏慸傷　左令謹顧藉毋嬌

岫弥藝機斡山執誉　後稽仁連比望賴神

毀滄飯硏嘆俳個負　睽特睦以雲伯缽布

潔落葉稷稼歸唐　秫丸瀷移齋取字宙

虞禪讓率賓歸德飛　玄黃歲盈餘吳列宿

龍在田圖書見巴迻　調陽峴嵠珠鈞矗蒙

多世杜棗席併理誰　瞻眺鵓昆聆貽工指

抗故厥貢巖云百雜　曜懼驪的塵陳根淩

囊具象頤熱獲捕莽

은 바로 이것입니다. 이것은 왕희지의 글씨로 되어 있는데,『종요 천자문』입니다. 이렇게 되어 있습니다. '이의일월二儀日月, 운로엄상雲露嚴霜…' 양나라 주흥사의 천자문은, 사언고시四言古詩라고 그러죠? 네 글자로 된 옛날 시라는 것인데, 이것보다 이미 400년이나 앞서 종요의 사언고시 천자문이 나왔습니다. '이의일월二儀日月, 운로엄상雲露嚴霜…' 하는 식으로. 역시 이것도 마찬가지로 사언고시인데, 주흥사 천자문은 종요의 사언고시 천자문을 모방한 것입니다. 주흥사 천자문에는 종요의 천자문과 똑같은 사언고시가 몇몇 곳에 들어있습니다. 그러니까 왕인이 3세기~4세기 백제 학자라면 종요의 천자문을 가지고 갈 수 있었던 것입니다. 그러나 왕인은 사실상 6세기 백제인입니다.『일본서기』라는 역사책은 연대가 함부로 조작되었기 때문입니다. 한일관계사를 제대로 규명하려면, 일본이 우리나라 삼국시대보다 6백년 앞섰다고 역사책을 뜯어고친 이런 내용이 바로잡혀야 합니다. 앞으로 이 내용은 계속 밝히겠습니다.

천자문 하면 한자라고 하는데, 사실 한자도 그렇습니다. 예를 들면 저도 한자가 중국 글자인줄 알았는데, 동이東夷의 글자라는 문헌을 찾아낸 학자가 우리나라에 있습니다. 중국에서 박사학위를 한 진태하 교수입니다. 그래서 저도 한자어가 동이의 글자다, 우리 고대 조선의 글자다 하는 인식을 가지고 있습니다.

여하간에 우리가 한자 공부를 할 때 천자문 공부를 합니다만, 이 종요의 천자문이 있음으로써 왕인은 틀림없이 천자문을 가지고 갔다 그 말입니다. 그리고 그 당시에는 어떻습니까? 천자문, 이러한 책이 인쇄된 책이 아니죠? 그 당시에는 종이에다 붓으로 써서 그것을 끈으로 묶었던 것입니다. 그러니까 이런 책들은 인쇄술이 나오기 전, 종이가 없던 시대(종이가 귀했죠)에 많이 만들 수가 없었습니다. 그래서 필사본이라고 해서, 어떤 글이 학자에 의해서 써지면 필사본이 생깁니다. 좋은 글이나 좋은 시가 있으면 그것을 갖다가 보고 베껴썼습니다. 그러한 필사본을 왕인이 가져갔다고 봅니다.

근년에 일본 나라奈良의 동대사東大寺에서 종요의 천자문 필사본이 나왔습니다. 왕인은 아직기 왕자의 추천으로 일본에 건너가서 응신왕실에서 왕자들을 가르칩니다. 응신왕에게는 왕자가 다섯이 있습니다.

지난 첫 시간에 제가 응신왕이 백제로부터 건너왔다는 이시와타리 신이치로(石渡信一郎·1926~) 씨의 책『백제에서 건너온 오진천황(百濟から渡來した應神天皇·2001)』을 여러분에게 보여드렸습니다. 그 응신왕의 다섯 왕자 가운데 왕위를 계승하는 사람은 인덕(仁德 닌토쿠)이라는 사

■ 오사카 하비키노시에 있는 왕인박사의 사당, 사이린지

람입니다.

인덕은 응신왕의 넷째 아들, 제 4왕자입니다. 제 5왕자가 태자였는데, 태자가 "나는 왕을 안 하겠소. 형님이 하시오" 하고는 자결해서 죽습니다. 그래서 3년 동안 왕위가 비어있다가 제 4왕자 인덕이 왕위에 오릅니다. 왕인한테 공부한 제자이죠.

그 당시에 왕인이 시가詩歌를 짓습니다. 3년 동안이나 왕위가 비어있었기 때문에, 왕인이 인덕왕자에게 왕이 되라고 권유하는 시를 짓습니다. 난파진가難波津歌(난바, 나루터 노래, 나니와쓰노우다なにわつのうた)라고 하는 것인데, 조금 있다가 제가 그 구체적인 내용들을 밝혀드리겠습니다.

이와 같이 문자문화가 백제로부터 전달이 되고, 왕인에 의해서 응신 다음에 인덕이라는 왕이 등극을 하게 됩니다. 상당히 중요한 사실은 문자문화도 백제로부터 건너 갔다는 사실을 우리가 확인할 수가 있습니다. 더구나 그 사실에 대해서는 일본 역사에도 기록들이 다 되어있는데, 일본에서 한때 왕인을 비아냥거린 아라이 하쿠세키(新井白石·1657~1725)란 학자가 있었습니다. 그 사람 말고도 여럿이 있습니다. 에도 시대(1603~1867)의 학자지요.

옛날 일본에는 문자가 어땠을까요? 물론 일본에는 문자가 없었죠. 미개한 사람들에게 문자가 있었겠습니까? 우리나라도 옛날엔 문자가 없이 한자어를 썼죠. 우리 동이의 글자이든 중국인의 글자이든 간에 한자어로 모든 것을 표기했습니다. 세종대왕 때 한글이 나오기 전까지 우리는 한자어를 가지고 우리말에 맞추어 표현을 했죠. 우리말에 맞추어 표현하는 방법을 '이두'라고 그랬고, 시가詩歌를 지을 때는

'향찰'이라고 했습니다. 일본도 응신왕 때 왕인박사가 건너가서 인덕왕자를 가르치면서 글자가 서서히 일본왕실을 중심으로 퍼지게 되는 것이죠. 그래서 공부를 할 수 있는 사람들은 결국 왕자들이라든지, 왕족, 또는 극히 일부의 귀족들 그러한 지배계층 사람들 뿐이었습니다.

여기 보시면 왕인의 모습인데, 이것은 물론 근세에 그려진 것입니다만, 왕인의 초상은 이것 말고도 또 몇 가지 더 일본에서 나온 것이 있습니다. 이것은 국내에서 그린 것입니다. 그리고 천자문이 아니고 왕인의 시가가 이와 같은 목간에 의해서 많은 사람들이 썼다는 것이 발굴된 것입니다. 이것은 7세기 당시에 땅속에서 나온 왕인의 난파진가 목간(德島觀音寺跡 출토, 1988. 11. 6 발표됨)입니다. 여러분은 목간에 대해서 잘 아시겠지요?

대나무나 나무를 길고 네모나게 잘라서 면을 부드럽게 대패질한 후 붓으로 글씨를 쓴 것이에요. 종이가 귀하던 시절에는 목간에다 썼습니다.

예를 든다면 편지 같은 것도 그렇습니다. 목간의 끝부분 가운데에 구멍을 뚫어서 주욱 끈을 꿰죠. 끈을 꿰어서 이것을 묶어서 왕실이라든지 귀족들이 편지나 시가를 써서 보냈던 것이죠.

여러분, 책冊이라는 글자를 한자어로 아시죠? 이것이 책이라는 글자입니다. 목간 그림을 표현한

— 난파진가 목간 발굴 기사
(1998.11.6. 요미우리 신문)

것입니다.

　종이 얘기를 말씀드린다면, 일본에서 종이가 만들어지는 것은, (물론 왕인시대에도 조금은 만들었다고 보지만) 본격적으로 만드는 것은 서기 610년 이후입니다. 610년에 고구려에서 건너간 학승 담징이 종이 만드는 법, 벼루 만드는 법, 그 밖에 그림물감과 맷돌 만드는 법을 일본 왕실에서 가르칩니다만, 이미 왕인의 시대에 백제에서 닥나무를 키우고 종이를 만들었다고 하는 그러한 이야기가 전해지고 있습니다. 백제에서 왕인이 학자로서 활동을 했다면 이 목간에다만 글씨를 쓴 것이 아니고 역시 종이에다 썼다고도 할 수 있는데, 왕인의 터전에서 왕인이 닥나무를 심고 떠났다고 하는 발자취를 주장한 학자도 있습니다.

　일본에 문자 문화가 전해지고, 필사하는 방법이 전해지고, 이러한 것들도 모두 백제와 신라, 고구려로부터 이루어졌다는 발자취들의 중요한 부분들은 여러 가지가 있습니다. 이를테면 한자어로 된 농기구 이름들이 일본의 역사책에 보면 나옵니다. 그 내용을 보면 상당히 재미있는데, 여러분 이 글자 하나를 써 두실 필요가 있을 것 같아요.

　'삽'을 일본에는 '한국삽', 즉 '가라사비韓鉏'라고 했고, 또한 소가 끄는 '쟁기'도 '가라스키韓鋤'라 불렀습니다. 일본사람들 어떻습니까? 한국어의 받침 발음을 잘 못하죠? 예컨대 김치를 '기무치'라고 하지 않습니까. 마찬가지로 '삽' 발음을 '사비'라고 합니다. 이것은 제가 주장을 하는 것이 아니고, 일본학자 가나자와 쇼사부로(金澤庄三郎, 1872~1967) 박사가 일찍이 밝힌 것입니다. 이분이 1925년에 지은 『광사림廣辭林』이라는 일본 최초의 큰 사전이 있습니다. 굉장히 큰 2천쪽짜리 사전입니다. 여기에서 밝힌 것을 보면 삽을 '가라사비'와 '가라스키'라고 했습니다. '가라韓'는 한국을 말합니다. 일본에서는 백제의 신을 '가라카미韓神'라 썼는데, 이것은 927년에 작성한 일본왕실 문서에 나옵니다. '가라카미'가 백제의 신이니까 '가라사비'는 한반도로부터 건너온 중요한 농기구, '한국삽'이라는 말입니다.

가라사비, 가라스키뿐만이 아니죠. 가을에 추수를 하고 타작마당에서 작대기를 돌려서 치는 도리깨를 '가라사오韓干'라고 합니다. 한국 작대기라는 소리죠. 대장간을 '가라카누치韓鍛冶'라 하는 등 모두 한韓 자로 되어 있습니다. 일본 고대 역사에 들어가보면, 백제 또는 신라 등 한반도로부터 농사가 건너왔다는 것을 입증하는 것이 이러한 농기구의 표현에도 잘 드러나 있습니다. 일본의 학자들도 제대로 공부한 사람들은 그것을 시인하고, 시인한지도 오래되었어요. 가나자와 쇼샤부로 교수는 이미 지금(2014년)으로부터 89년 전에 이러한 사실들을 밝혔습니다.

그리고 이분의 사전 『광사림廣辭林』을 보면, 일본 왕실에서 백제왕의

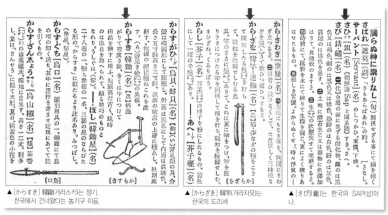

▲ [からすき] 韓鋤(가라스키)는 쟁기, 한국에서 건너왔다는 농기구 이름.

▲ [からさを] 韓竿(가라자오)는 한국의 도리깨

▲ [さび](鉬)는 한국의 SAP(삽)이나.

■ 일본 최초의 큰사전 『광사림』에 있는 쟁기, 도리깨 등 농기구에 대한 해설문

신주를 모시고 제사를 지낸 천황에 관한 것도 나오고, 여러 가지가 많이 나옵니다. 앞으로 차츰 그런 말씀을 드릴 기회가 있겠습니다.

특히 지난 시간에 말씀드렸다시피 백제와 신라로부터 벼농사가 건너가고 농업이 건너갔다는 말씀을 드렸습니다. 그런 것을 입증한 학자들은 상당히 많습니다. 처음에 제가 말이 건너간 것을 말씀을 드렸는데, 개는 그 이전에 건너갔습니다만, 소도 건너가고, 돼지도 건너갔다는 것이 일본 학자들에 의해서 고증이 되고 있습니다.

왕인을 가리켜 일본에서는 수상首相급으로 명칭을 붙여주었어요. '서문수西文首'는 오사카 지방 왕실의 교육장관을 가리킵니다. 서문수를 일본말로 '카와치노 후미노 오비토'라고 읽습니다. '서쪽의 글의 수장首長'이라는 얘기지요.

그리고 아직기는 '왜한직倭漢直', '야마토노 아야노 아타히'라 했습니다. 여기서 한漢은 중국을 말하는 것이 아닙니다. 백제를 뜻합니다. 일본의 저명한 학자들이 이미 70~80년 전부터 입증을 했습니다. '야마토노 아야노 아타히'라 하면 백제왕자 아직기의 벼슬을 말합니다. 백제 왕족 가문입니다. 일본 역사에서 한漢 자를 중국의 한漢 나라라고 생각하면 큰 잘못입니다. 일본의 여러 저명한 학자(上田正昭 교수 외)들이 고증한 것이 되어서 굳이 여러 번 말씀드리지 않겠습니다.

왕인은 오사카 지방에 있었습니다. 아직기, 이분은 그 당시 나라奈良 지방에 있었습니다. 특히 나라의 아스카라는 곳입니다. 그 당시 왕실이 양쪽으로 옮겨 다녔던 것입니다. 응신과 인덕은 오사카를 중심으로 지배의 터전을 닦았던 것을 알 수 있는데, 그 때 왕인에 의해서 천자문이 건네집니다.

## 일본 문자의 아버지, 왕인 박사의 유적

- 왕인 박사 초상

- 됴쿄 우에노공원의 왕인 박사 기념비

- 히라카다시의 왕인묘 입구 안내표지판

- 오사카의 왕인사당 다카이시신사

이것은 제가 일본에서 발굴한 왕인의 초상화입니다. 여기 왕인의 묘지 사진도 보입니다. 이게 현재 왕인의 묘입니다. 백제문이라고 되어 있습니다. 근년에 세운 것이고, 이 문으로 들어가면 왕인의 묘가 나옵니다. 이 터전이 왕인의 묘라는 사실. 여기서 왕인의 묘라는 입석이 발견되었어요. 그러니까 이게 언제 일입니까? 1500년 전이라는 것이죠. 글자 같은 것은 안보이죠. 동그란 묘석이 지금 거기 놓여져 있습니다만, 1500년 동안 풍상에 글자들은 없어진 거죠.

이 일대는 왕인의 공원이 되어 있습니다. 일본에서도 왕인을 '일본 글의 아버지다' 하면서 숭상합니다. 여기 가보신 분 계세요? 오사카 히라카타 시라는 곳인데, 오사카 시내에서 전철 급행으로 한 시간 가량을 가면 있습니다. 일본에서는 왕인을 '와니'라고 읽습니다.

이분은 한국문인협회 김연균 이사장입니다. 이분과 문인, 역사학자, 조선일보 기자 등이 함께 가서 일본 역사 현장을 탐방할 때 백제문 앞에서 찍은 사진입니다.

일본에서 나온 최초의 서적은 한시 서적입니다. 우리말로 『회풍조懷風藻』(서기 751년 경 성립)라는 책입니다. 이 일본 최초의 한시집 서문에서도 왕인을 찬양합니다. 왕인이 백제로부터 문자문화를 가지고 와서 비로소 일본에 문자문화가 꽃피게 되었다고 말이죠.

회풍조라는 최초의 한시집 뿐만이 아니라 일본의 불교 전설집이 있습니다. 『일본영이기日本靈異記』라고 하는 책인데, 이 책의 서문에서도 왕인을 찬양합니다. 일본 사람들은 왕인하면 지금도 찬양을 합니다. "왕인은 정말 훌륭한 학자다! 일본의 글월의 아버지다!" 이렇게 찬양을 하고 있습니다.

어떻게 그런 말들이 나올 수 있었을까요? 왕실이 백제계가 아니고는 그런 말이 나올 수 없지 않았겠는가 하는 생각을 하게 됩니다.

여기는 백제왕신사인데, 왕인묘지에서 가깝습니다. 지난번에 백제왕신사와 솟대에 대해 말씀드렸습니다. 여기는 백제 왕족의 사당입니다. 백제 왕손 선광善光의 사당입니다.

왕인은 일본에서 한자를 통해서 왕실의 왕자들을 키우고 인덕이라는 왕을 만듭니다. 백제계 응신왕의 제 4왕자인데, 이 사람의 무덤이 일본에서는 제일 큰 무덤입니다. 485m짜리 무덤 인덕천황 대선릉이 오사카 지방(大阪府 堺市 大仙陵)에 있습니다.

전방후원분前方後圓墳, 그 묘제형태가 이렇게 되어 있습니다. 여기가 앞입니다. 이 길이가 485m로 일본에서 가장 크죠. 이 사람의 아버지 응신왕의 묘지도 450m로 굉장히 큰 무덤입니다.

재미있는 얘기는요. 저 무덤에서 나온 칼이 도굴당한 일이 있어요. 1872년 9월 홍수 때 왕릉의 석관이 드러나서 칼이 도굴 당했는데, 그 도굴된 칼을 보면 참으로 놀랍습니다. 하도 오래 되어서 이 밑부분은 썩어서 없어졌습니다. 이 칼이 도굴을 당해서 현재 어디에 있냐면요, 미국 동부지역 보스턴박물관(1908년부터 전시 중)에 있습니다. 제가 2007년에 미국 강연을 갔던 기회에 보스턴박물관에 가서 일부러 찾아봤습니다. 거기에 있습니다. 인덕왕 묘에서 나온 것이라고 거기 밝혀져 있습니다. 그런데 이런 칼을 백제에서는 용머리 환두대도라고 합니다.

이 칼이 백제의 칼이라는 것을 무엇으로 입증하느냐? 지난 1971년 7월 8일, 무령왕릉에서 거의 똑같은 것이 나왔습니다. 저 비슷한 칼은 일본에서 여러 개가 나오는데, 특히 1971년에 무령왕릉이 발굴되면서 일본역사학계가 뒤집혔어요. 그동안 역사를 왜곡하던 사람들이 당황을 했고, 또 한일관계사를 올바로 하던 사람들은 쾌재를 부르면서 본격적으로 역사 규명을 하게 됩니다. 그러니까 이와 같은 모든 문화의 뿌리가 백제에 있었다. 이것이 규명되는 과정이 얼마나 중요하냐 이겁니다.

왕인에 의해서 문자 문화만 건너간 것이 아니고 시가詩歌 문화도 건너가게 됩니다. 지난 시간에 오사카 지도를 보면서 본래 백제주百濟州였다는 얘기를 했습니다. 구다라(백제국이라는 뜻이고) 난바사難波寺 여기는 오사카 중심지입니다. 현재의 난바는 여기죠. 지금은 땅이 이렇게 있고 바다가 전부 간척이 되었어요. 바로 이 터전이 응신왕 시대의 터전이고, 왕인이 활약했던 시대의 터전입니다. 인덕천황 전 3년 동안 왕의 자리를 비워뒀기 때문에, 왕인이 인덕왕자에게 부디 왕위에 오르라고 지은 그 시가가 난파진가難波津歌(나니와츠노 우타-난바 나루터 노래)입니다. 일반적으로 난파진가라 하고, 또 매화송梅花頌(바이카쇼우)이라고도 합니다. 이 난파진가를, 제가 34년 전쯤 일본 고서점의 문헌에서 찾아냈어요. 왕인이 최초로 지었다는 것, 이런 기록들이 있었는데, 이것을 규명하면서 일본 학자의 목판본을 찾아내고 그랬습니다. 왕인이 난파진가를 지었다는 것을 끝내 확인했죠. 일본의 국수적 학자들은 왕인이 지었는데, 노래가 시원치 않다며 빈정거리기도 했습니다. 과연 그럴까요? 난파진가를 제가 처음에 다음처럼 번역했는데, 우리말로 살펴보세요.

日本紀竟宴和歌　天慶六年

日本紀竟宴各分得王仁一首　并序

從位下〔大〕內記□□□橘橡朝臣直幹

わたつみのちゞのしらみえきつゝ
やまますのろのしふたはつたれ
ほむたの天皇よみすゝろたらよ
りまにすれりみこうへれわ
うこゝれをしいてゝきろくのふ
みをならふといそわ

- 왕인 찬양시 천황가

- 전방후원분인 인덕천황 대선릉(좌)과
  대선릉에서 출토된 칼(우. 보스턴박물관 소장)

난파진에는 피는구나, 이 꽃이.

겨울잠자고 지금은 봄이라고 피는구나, 이 꽃이.

어떻습니까? 아주 서정적으로 아름다운 시입니다. 꽃이 핀다는 것은 왕이 등극하는 것을 말하죠. 자기가 가르친 제자 인덕왕자(우지노와키이라쓰코)가 왕으로 등극하는 것을 상징합니다. 물론 당시에는 한자어로 지었는데, 왕인이 난파진가를 짓고 나서부터 일본글자가 오랜 뒷날 등장을 하게 됩니다. '일본글자, 일본문자도 왕인과 아직기에 의해서 시작되었다'라고 본격적으로 밝혀진 것은 지난 1980년입니다. 일본의 학습원대학이라고 있습니다. 가쿠슈인 대학이라고 일종의 일본 왕실대학이죠. 예전에는 일본의 왕족만 들어가던 학교인데, 초·중·고·대학이 있습니다. 그 대학의 오노 스즈무大野晋 교수, 이분이 쓴 책을 저한테 줬는데요, 바로 이 책입니다. 『日本語の世界』(1980), 일본어의 세계라는 책인데, 이 책에서 이분이 이렇게 밝힙니다. 뭐라고 했냐면요.

일본 야마토국(大和國, 나라의 왕도)에 살던 아직기倭漢直와 카와치국(河內國, 오사카의 왕도)에 살던 왕인西文首의 유산으로서 중요한 것은 이 사람들이 위진魏晋 시대의 중국어 발음을 일본에 전했고, 또한 한자로서 일본어를 쓰는 방법을 실행했다는 일이다. -〈日本語の世界(1), 中央公論社, 1980〉

이분은 2009년에 돌아가셨습니다. 제가 장례식에도 갔었습니다.

**오사카의 난파진 일대**

2강 일본어의 모체는 백제어  65

일본 신문기사에도 돌아가신 기사가 나왔습니다. 아주 유명한 일본어학자죠. 이분의 논설문 중에 국수적인 부분도 좀 있습니다. 그런데 궁극적인 핵심은 학문적 양심으로 밝혔어요. 중요한 것은 그것이죠. 끝까지 거짓말을 하지 않고, 오히려 가장 중요한 것은 솔직하게 밝혔어요. 이런 것을 밝혔을 때 아마 여러 가지 압박을 받았지 않았겠느냐. 이 책이 우리나라에 몇 권이 없어요. 한국외국어대학에 한권이 있고….

이와 같은 기록에 의해서 왕인과 아직기가 얼마나 훌륭한 백제인이 었는가. 이 분들이 시작한 것이 일본어입니다. 일본어란 것이 그렇습니다. 하루아침에 되지 않습니다. 저분들이 6세기에 시작한 것이 11세기에 모두 모아집니다. 47자, 48자 이렇게 정해지는데, 적어도 500년 동안에 일본 글자가 만들어집니다. 여기도 일본어 공부하는 분들이 있을텐데, 일본 글자를 뭐라고 합니까? 카타카나(カタカナ), 히라가나(ひらがな). 이것을 아직기와 왕인이 시작했다는 거에요. 오노 스즈무 교수가 이것을 밝힌 것입니다. 이것 말고도 여러 가지가 있습니다. 책을 보면 상당히 놀랍습니다.

그러면 한자로 일본 글자를 어떻게 만들었느냐? 쉽게 말하면 이렇습니다.

한자어의 카타카나 도판입니다. '阿伊宇江於(아이우에오)' 아닙니까? 즉 'ア'는 언덕 아阿 자에서 옳을 가可를 떼어버리고 좌부방변인 'ア'만을 취한 것입니다. 카타카나는 한자어의 한쪽片을 떼어내서 쓴 글자에요. '카나'는 글자라는 의미이죠. '카타카나'의 '아이우에오(アイウエオ)'는 한자어의 '阿伊宇江於' 각 글자의 한쪽씩입니다. 일본어는 탁음이

있기 때문에 카타카나라고 해야 할 꺼에요. 탁음이 들어갑니다. 한자의 쪽片을 떼었다는 뜻이죠.

히라카나는 뭐에요? 이것은 한자의 초서입니다. 한자어의 흘림 글자인 초서체를 기본으로 만든 문자에요. 'あ'는 한자의 편안 안安자의 초서체에서, 'い'는 써 이以 자의 초서체가 각각 근간입니다. 즉 '아이우에오(あいうえお)'의 기본이 된 한자의 초서체는 '安以宇衣於'가 모자체母字體입니다. 한자 붓글씨 하신 분들은 초서형 글자라는 걸 아실 수 있을 겁니다.

일본이 독창적으로 만들어낸 것이 아닙니다. 아직기나 왕인박사가 글자를 만들어낼 때 한자어를 가지고 만들었고, 당시는 백제 계열의 왕실이었기 때문에 그 언어들이 발전하면서 내려오게 됩니다. 그렇게 해서 11세기 경에 일본 글자가 완성이 됩니다.

왕인은 이러한 일본어를 만드는 데 앞장섰던 인물인가 하면, 조금 전에 말씀드린 것과 같이 인덕왕자가 왕위에 오르라고 '난파진가'를

| 安 | 以 | 宇 | 衣 | 於 | 加 | 幾 | 久 | 計 | 己 | 之 | 寸 | 世 | 曾 |
|---|---|---|---|---|---|---|---|---|---|---|---|---|---|
| 安 万 あ | 以 い い | 宇 宇 う | 衣 え え | 於 お お | 加 か か | 幾 き き | 久 く く | 計 け け | 己 こ こ | 之 し し | 寸 す す | 世 せ せ | 曾 そ そ |
| 阿 阿 ア | 伊 伊 イ | 宇 宇 ウ | 江 江 エ | 於 於 オ | 加 加 カ | 幾 幾 キ | 久 久 ク | 介 介 ケ | 己 己 コ | 散 散 サ | 須 須 ス | 世 世 セ | 曾 曾 ソ |

＝ 히라카나, 카타카나 도판(문자표)

지었습니다. 오사카에 '난바'라는 지역이 있는데, 그 난바라는 곳이 간척이 되어서 뒷날 오사카의 중심지가 되었다고 앞에서 말씀을 드렸어요.

난파나루의 노래, '난파진가'의 율조는 어떻습니까?

난파진에는/ 피는구나, 이 꽃이.
겨울잠자고/ 지금은 봄이라고/ 피는구나, 이 꽃이.


5·7. 5·7·7의 율조입니다. 제가 번역도 그렇게 했습니다. 일본의 와카(和歌, 화카)라는 시가는 5·7. 5·7·7조가 바탕입니다. 와카를 7·5조, 5·7조로 부릅니다. 왕인이 이 5·7. 5·7·7조를 지었는데, 그럼 이런 7·5조, 5·7조의 뿌리는 어디에 있느냐? 저는 그것이 몹시 궁금해서 조사를 해봤습니다. 바로 백제 가요 '정읍사'를 보면 이렇습니다.

둘하 노피곰 도다샤, 어긔야 머리곰 비취오시라,
어긔야 어강됴리, 아으 다롱디리,
져재 녀러신고요, 어긔야 즌ᄃᆡ를 드ᄃᆡ올셰라,
어긔야 어강됴리, 어느이다 노코시라,
어긔야 내 가논ᄃᆡ 졈그를셰라,
어긔야 어강됴리, 아으 다롱디리.


여기에는 '어긔야 어강됴리, 아으 다롱디리'라는 와카의 뿌리인 7·5조가 있습니다. '아으'는 '아'를 단지 길게 발음한 장음長音이지 2개의 음조가 아닙니다. 제가 일본 대학에서 교수생활을 하다가 후에 귀국을 하고, 『현대문학』(1997. 2월호)이라는 문학 전문지에다가 왕인의 이 시가에 대해서 논문을 쓴 적이 있습니다. 현재 백제의 가요가 남아있는 것은 정읍사 하나밖에 없습니다. 본래 5개가 있었다고 해요. 현재 고려사에서 밝혀지는 것은 제목만 5개고, 실질적으로 알려져 있는 것은 정읍사 하나인데, '정읍사가 백제 것이 아니고 고려시대 것이다'라고 주장하는 학자도 있기는 합니다. 그렇지만 왕인의 난파진가의 율조가 5·7. 5·7·7이기 때문에 정읍사와 연관이 있는 백제의 율조가 바탕이라고 하는 생각을 하게 됩니다.

백제 문화라는 것이 정말 다양합니다. 모든 일본 문화의 그 뿌리까지 가지고 있는데, 특히 이 난파진가는 일본 최초의 와카(和歌, 화카)에요. 물론 짧을 단短 자를 써서 단가短歌라고도 하는데, 왕인이 최초로 지었다는 기록은 927년에 키노 츠라유키紀貫之라는 백제계 일본 학자가 쓴 문헌에 있습니다. 927년이면 지금으로부터 몇년 전입니까? 1,100년 가까이 되죠? 키노 츠라유키가 지은 『고금집古今集』이라는 문헌에 카나서假名序라고 하는 서문이 있는데, 그 서문에서 왕인이 최초의 와카를 지었다고 밝혔습니다. 그런데 요새 인쇄된 책을 보면 왕인의 난파진가를 밝힌 서문(카나서)을 빼버리고 다른 것만 가지고 책을 만들고들 있어요. 상당히 좋지 않은 얘기죠. 되도록이면 모든 것을 속이려고 하는 그러한 사람들이 있는 것 같아요.

더욱 놀라운 사실이 많이 있습니다. 바로 이것이죠. 이게 1998년 11월 5일자 일본 요미우리 신문입니다. 이것이 왕인의 목간이 발굴이 되어 나온 머리 쪽의 큰 기사입니다. 오오카 신大岡信이라고 하는 일본의 국문과 교수가 있어요. 이 사람은 시인이기도 해요. 이 사람이 왕인의 난파진가를 인용하면서 '작자미상'이라고 쓰고 있습니다. 고금집에 엄연히 왕인이 지었다고 밝히고 있거든요. 이 사람이 일본 국문학자이며 시인인데, 고금와카집古今和歌集 서문도 읽지 않았다는 말이 되지요.

그래서 작년에 제가 일본말로 글을 썼어요. 일본 사람들이 보고선 저한테 전화를 하더라고요, 그게 사실이냐고. 그래서 제가 "신문을 찾아봐라." 그래서 신문을 찾아보고서는 정말 그렇더라고, 나쁜 사람이라고…. 왕인이 한 것이 싫다고 일본의 이름난 국문학자가 이러면 됩니까? (신문을 보여주면서) 저는 이런 증거를 가지고 공부를 해왔습니다. 신문을 제대로 수집을 했던 것이죠. 제가 이 기사를 보고선 깜짝 놀랐어요.

1998년 11월 5일 목요일 '요미우리 신문'입니다. 일본에서 국수적인 신문이죠. 일본의 3대 신문이라고 하면 아사히 신문, 마이니치 신문, 요미우리 신문인데, 비교적 온건한 것은 아사히쪽인 것 같아요. 마이니치쪽도 그렇지만….

오오카 신大岡信이라는 교수가 왕인의 시를 작자미상이다 하고, 그 옆에 시가 인용이 되어있고…. 나중에 보니까 왕인의 시라고 정정 보도를 하긴 했어요. 일본의 잘 아는 교수들한테 조사를 시켰더니 말썽이 났던 것 같아요. 그러니까 우리가 이것을 규명해나가지 않으면 안 됩니다. 모든 것을 규명해나가야 합니다.

일본 오사카가 또 어떤 곳이냐. 오사카라는 곳에는 왕인의 사당뿐 아니라, 백제신이 오셨던 터전이 있습니다. 미시마카모三島鴨신사라

■ 미시마카모신사 도리이의 금줄(백제신을 모신다는 표시)

■ 미시마카모신사 통로

고, 오사카의 다카츠키라는 곳에 있는데, 오사카에서 쿄토로 가는 중간에 있습니다. 이것은 『미시마카모신사사三島鴨神社史』(2006)라고 그 사당에서 만든 역사책입니다만, 저 사당에 관한 옛날 문헌을 제가 찾아 놓았습니다.

이게 바로 『이여국풍토기伊予國風土記』라는 문헌인데 여기에 보면,

미시마에 계신 신의 어명御名은 오야마쓰미노카미이다. 일명 와다시노오카미이시다. 이 신은 난바의 다카쓰노미야高津宮 왕궁에 천황이 계시던 어세御世에 나타나셨다. 이 신께서는 구다라국(백제국)으로부터 건너오셔서 난바의 미시마에 계시게 됐다.

오사카라는 터전이 일본왕실 - 백제계열의 왕실과 이렇게 밀접한 관계를 가지고 있는 발자취예요. 백제국에서 백제신이 일본왕실에 건너와서 계셨다 이거예요. 그래서 모셨던 곳이 바로 이 미시마카모신사라 이겁니다. 여기도 제가 학자들을 데리고 여러 해 전에 답사를 했어요.
이 책에도 자세히 썼지만, 이 미시마카모신사도 궁사가 대단히 양심적이에요. 여기서 낸 서적에도 나옵니다. 거기서 제가 가지고 온 것입니다만, 여기에 보면,

미시마카모신사는 백제에서 닌토쿠仁德천황 어대 때, 일본 왕실로 건너오신 백제대신百濟大神 오야마쓰미노카미 신주를 모신다.

사당의 양심적인 젊은 궁사에게 저는 존경심이 우러났습니다. 제가

# 백제대신百濟大神 오야마쓰미노카미의 신주를 모신 미시마카모신사

愛媛県今治市及び越智郡の地にあたる。
農業発祥の地、瀬戸内海に臨む三島の
祖神と越智郡(おちぐん)和名抄
の郡名に越智郡(おちぐん)とある。
三島神社、その大日本の宮御津(みつしま)に
式内社大山祇神社(三島宮)にある
大山の宮御津(大三島宮)に
坐しているとする。神は、大祇・祇社の祖
であることがうかがわれる。
○和多志の大神をあらわして行
くとともに、百済出身の故にこの神
があらわれることを推理される。
たので、一韓国の百済から帰ってきてこの神
百済を本国として来朝したのであるが、
三・大祇社祇は越智郡(おちぐん)の初の
代式内社の創建せる地、そこから伊予国で
あったというのである。(中、栗注による。)

今井啓雄注釈、
愛媛県越智郡の内、高縄半島の北西田

熊野著

御嶋

伊豫の國の風土記に曰はく、乎知の郡。
御嶋に坐す神の御名は大山積の神、一名は
和多志の大神なり。是の神は、
難波の高津の宮に
御宇しめしし天皇の御世に顕れ
ましき。此神、百濟の國より度り來まして、
津の國の御嶋に坐しき。云々。御嶋と
謂ふは、津の國の賀嶋の名なり。

伊豫國風土記曰 乎知郡 御嶋
坐神御名 大山積神 一名和多志大神也 是
神者 所顕難波高津宮御宇天皇御世
此神自百濟國度來坐 前津國御嶋
坐 云々 謂御嶋者 津國御嶋名也

(國名之六)

■『이여국풍토기伊予國風土記』

■ 미시마카모신사의 마쓰이 나리후사 궁사와 저자

"여기는 백제신의 사당으로 알고 왔습니다." 했더니, 이 책을 가지고 나오더라고요. 그러더니 "사실 그것이 맞습니다." 하는 겁니다.

『미시마카모신사사三島鴨神社史』, 이 문헌을 몇 권 구해서 우리 학자들에게 나눠줬습니다. 이런 자료들이 있어야만 모든 것을 제대로 밝힐 수가 있습니다.

백제왕실이기 때문에 백제신이 오신 거죠. 백제신이 오셨다고 이 문헌에 나옵니다. 이렇게 문헌에 나와 있다는 사실을 우리가 알아야만 합니다. 당시는 지금 21세기처럼 인공위성이 날아다니는 컴퓨터 시대가 아니죠. 농업밖에 없던 시절 아닙니까? 그러한 시대이기 때문에, 오늘날 컴퓨터 첨단과학, 인터넷 시대가 아닌 시대에 가장 중요한 것은 일종의 신앙입니다. 하늘의 천신을 섬기는 신앙, 국조 환인·환웅·단군을 모시는 훌륭한 민족 신앙이 있습니다. 그러한 터전에서 한국의 백제신이 일본왕실에 오셔서 계셨다 이겁니다.

오사카 다가츠키에 있는 미시마카모신사를 한번 찾아가 보세요. 미시마카모신사, 바로 이 터전에 백제신 신주를 모시고 있습니다.

저도 이 사실은 안지가 그렇게 오래 되지는 않습니다. 우에다 마사아키 교수가 저하고 함께 일본에서 강의하던 날 저에게 알려줬어요. "사실 백제신이 모셔진 터전이라고 밝힌 문헌이 있다." "어떤 문헌이냐?" 하니까 저것을 알려주시더라고요. 그걸 보고 '역시 일본왕실에는 백제신을 모신 그러한 터전이 있었구나.' 하고 알게 되었습니다.

백제신이 오셔서 계셨다는데 더이상 할 말이 없습니다. 그러니까 신앙 자체가, 고대 일본의 왕실에서 백제신을 모셨다 이겁니다.

다음 시간에는 본격적으로 일본의 왕실문서를 가지고 말씀을 드리겠습니다. 백제 계열의 왕이 일본을 지배했다는 사실은 단순한 것이 아닙니다. 정치·사회·문화 모든 면에서 주도면밀한 역사의 긴 발자취가 있었다는 사실을 여러분이 아셔야 됩니다.

우리가 공부해야 할 백제(구다라)는, 아직도 배울 것이 많이 있습니다. 그리고 아직도 찾아내야 할 것이 많이 있습니다.

여러분, 감사합니다. 🔖

여러분 안녕하십니까. 오늘은 여러분과 함께 일본속의 백제 구다라, 구다라에 관한 중요한 내용들을 차분하게 말씀드릴까 합니다.

구다라! 구다라가 뭔지 여러분들은 잘 아시죠? 일본사람들이 백제를 가리켜서 구다라고 부른다는 것은 지난 시간에 말씀드렸습니다. 그런데 일본사람들은 옛날부터 중요한 한 가지 말을 하고 있습니다. "구다라나이" 구다라나이, 그런 말을 합니다. '구다라'는 백제죠, '나이'는 없다 이겁니다. 그렇다면 '구다라나이'가 뭘까요? 구다라나이. 이것은 약어입니다. 일본말로 '고래와 구다라노 모노데와 나이(これは百濟の物では無い)'라는 말이 있습니다. 바로 그 약어죠. 이것은 백제 물건이 아니다 이겁니다. 백제 물건이 아닌 것은 값어치가 없다, 그 얘깁니다. 구다라나이라고 모두 함께 해볼까요?

"구다라나이, 구다라나이, 구다라나이."

구다라나이야말로 고대 백제가 끊임없이 여러 가지 문화와 여러 가지 선진국 산업 생산품들을 일본에 보내주었다는 것을 입증해주는 유명한 표현입니다.

이 말 말고도 또 비슷한 좋은 말이 있습니다. 일본사람들이 서로 말을 나누면서 이런 말을 합니다.

## 법륭사의 백제관음상

■ "백제관음상은 백제로부터 건너 온 허공장보살이 틀림없다"
(다카다 료신高田良信의 저서 『법륭사의 수수께끼와 비밀』)

■ 법륭사 주지인 다카다 료신(高田良信)의 저서
『법륭사의 수수께끼와 비밀』표지.
표지의 불상은 백제관음상

■ 백제관음상(좌)과 녹나무 백제관음상
(우. 국보불상 기념우표).

"구다라니 나이 하나시이오 유나"

이걸 우리나라 말로 한다면 "백제에도 없는 얘기는 하지도 말라!" 이게 직역입니다. 백제에도 없는 얘기, 택도 없는 소리다 그 얘깁니다. 더 속되게 표현한다면, "당치도 않은 소리! 백제 것이 최고다."라는 이러한 표현들이 쭉 있었습니다. 그러니까 요즘에 일본 등 세계 각지로 퍼지고 있는 '한류'다 그런 얘기를 하고 있습니다만, 이미 고대 백제는 일본에서 열풍을 일으켰던 겁니다. 미개한 섬사람들이 사는 일본 땅에 선진국 백제가 건너가면서부터 백제는 미개한 터전에 살던 일본 선주민들에게 모든 문화를 베풀게 되고, 그들은 백제인들을 의지하면서 백제인 지도자 밑에 모여와 보람차게 살았던 겁니다. 이것은 결코 지나친 주장이 아니라고 말씀드리고 싶습니다. 왜냐하면 일본에는 여러 가지 그러한 발자취를 증명해주는 고증들이 있습니다. 여러 가지 문헌이 있는가 하면 그 자료들이 전해지고 있습니다. 그리고 백제의 훌륭한 역사 유적지라든지 사찰, 또 신사라고 하는 사당 등이 존재하고 있죠. 우리는 앞으로도 계속하여 고대 한국의 발자취를 새로이 찾아내야만 합니다.

백제가 얼마나 일본에 큰 영향을 주었느냐 하는 사실을 일본인들은 스스로 더 잘 안다고 저에게 말하는 일본분들이 많이 있었습니다. 이를테면, 여기 책 한 권이 있습니다. 『구다라 가엔百濟花苑』, 백제화원이라는 책인데요. 우다 노부오宇田伸夫라는 분이 쓴 책입니다. 이 책을 펼쳐 보면 매우 중요한 대목이 나옵니다.

백제궁에 살던 공주가 뛰어나게 아름다운 호랑가시나무꽃ひいらぎ을 처음으로 보고는 크게 감동합니다. 그래서 시종하는 하녀에게 "이

꽃이 어디서 왔느냐?" 하고 물으니 "이 꽃은 백제에서 온 것입니다, 공주님" 그랬습니다. 그 말을 듣자 공주는 "좋은 것은 전부 백제에서 오네요." 하고 찬탄합니다. 백제 것이 훌륭하다, 좋다는 것이 이와 같이 궁중과 민간에 널리 퍼져 있었던 것이죠.

오늘날 우리가 특히 젊은 세대에서는 그러지 않습니까? 어떤 좋은 옷이라든지 물건을 보면 이것은 어디제구나, 라벨이 뭐라든지 이런 거 따지는 것과 마찬가지였던 것 같아요. 백제 것이 아니면 아니다. 그러한 발자취 속에서 백제가 여러 가지 문화를 일본 땅에 널리 심었던 것입니다.

그러면 좀 더 구체적으로 백제가 어떻게 일본 왕실에 작용을 했느냐 하는 것을 살펴보겠습니다. 여기에는 놀랍게도 『신찬성씨록新撰姓氏錄』이라고 하는 일본의 왕실문헌이 있습니다. 이 책이 우에다 마사아키上田正昭 박사댁에서 찍은 『신찬성씨록』 사진입니다. 『신찬성씨록』은 일본왕실과 귀족가문의 족보 책입니다.

여기 지금 그림을 보시면 이분이 사실을 밝히시는 장면인데요. 여기에 대원진인大原眞人이라고 나옵니다. 하나, 둘, 셋, 넷, 다섯 번째 줄입니다. 대원진인이 누구냐? '대원진인의 출신은 시호 민달敏達びたつ의 손자인 백제왕족이니라.' 그랬습니다. '대원진인'은 일본 말로 '오하라노 마이토'라고 합니다. 오하라노 마이토, 대원진인의 계보에 시호가 나왔습니다. 시호는 뭡니까? 왕호죠? 시호 민달, 이 말은 '비다쓰왕'입니다. '민달왕의 손자인 백제왕족이다' 하는 것이 이 문헌에 밝혀져 있습니다. 더군다나 이 문헌은 일본에서 두 번째로 오래된 일본 국보급의 일본왕실 가승이며, 족보 책입니다. 우에다 마사키 박사가 자기 집안에

“신찬성씨록의 민달천황은 백제왕족”이라는 사실 등을 밝힌 교토대학의 우에다 마사아키 교수가 저자에게 직접 보낸 편지(2013.4.25).

필자가 동국대학에서 강연(2005.12)한 내용을 지지하면서 “일본 천황가는 백제 혈통”임을 밝혀 보내준 교토대학 사학과 우에다 마사아키(上田正昭) 교수의 친필 편지. (2006.1.25일자)

新撰姓氏録序

■ 우에다 박사가『신찬성씨록新撰姓氏錄』에 백제인 일본천황 가문이 나열되어 있는 대목을 펼쳐 저자에게 보여주고 있다.

■ 『신찬성씨록』'대원진인' 항목 우측에서 5번째 줄 설명. "민달천황은 백제왕족이다."

■ 『신찬성씨록』개봉. 저자와 우에다 교수 자택

대대로 내려오던 이 책을 저에게 보여주시면서, 이 대목을 손가락으로 짚으면서 "민달천황은 백제왕족이다"라고 또렷이 말했습니다.

민달왕은 일본 30대 왕입니다. 우리가 천황이라고 하는 왕호를 쓰는데, 물론 천황호는 뒷날 서기 670년경부터 나옵니다. 그러나 일본 역사책에서는 통일해서 모두 천황으로 쓰기 때문에 그렇습니다만, 민달천황은 백제왕족이라는 왕실 문서입니다. 일본에서 많은 문헌들이 지워지고 깎이고 없어졌는데도 불구하고 이 대목이 살아있다는 것만 해도 저는 참으로 다행이라고 생각합니다. 저 문헌은 지금부터 1,200년 전인 서기 815년에 나온 겁니다. 9세기 초죠. 그 당시 기록입니다. 물론 저 문헌을 현대에 인쇄한 책도 있습니다. 그 책에도 저 대목이 똑같이 나오고 있습니다.

제가 가지고 온 이 책의 요 대목인데, '대원진인, 출자 시민달손 백제 왕야大原眞人, 出自 諡敏達孫 百濟王也' 이렇게 나옵니다. '대원진인은 민달왕의 손자이며 백제왕족이다'라는 겁니다. 그리고 『속일본기續日本紀』라고 하는 일본 왕실역사서에도 이 내용이 부합한다고 했습니다. 더욱 놀라운 사실은요, 이 대원진인이 속한 계보는 일본왕실의 『신찬성씨록』에서도 제일 첫책입니다. 첫부분이고, 그리고 좌경左京에 속합니다. 좌경은 왕족의 터전입니다. 일본의 나라경, 나라왕도에는 좌경과 우경이 있는데 좌경은 왕족들이 사는 지역이고 우경은 그보다 낮은 왕족과 귀족들이 사는 지역입니다. 지체 높은 왕족들이 사는 지역에서 나오는 왕족들인데 여기서 대원진인 후손들도 쭉 나옵니다. 대원진인 왕실가문이 나온 것이 바로 이 대목입니다. 대원진인뿐만이 아닙니다. 도군진인, 풍국진인, 산여진인, 길야진인 이런 사람들도 다 백제

왕족이라고 이 문서에 나옵니다.

일본의 저명한 『신찬성씨록』 연구자가 있습니다. 세이조대학의 사에키 아리키요佐伯有淸 교수인데요. 이 사에키 아리키요 교수가 일본에선 가장 권위있는 학자입니다. 이 책도 그분이 본문을 편집하고 주석을 달았습니다만, 이 사에키 아리키요 교수는 지난날 저에게 그러셨습니다. "저는 이 연구를 하면서 참 감동했습니다" 그러시더라구요. "어째서 그러셨습니까?" 하고 여쭸더니 "백제인들이 이렇게 훌륭한지 몰랐다"라고 말씀하시더군요. 그리고 이분이 말씀하시는 중에도 더 중요한 거, 연구로도 발표된 게 있습니다. 민달천황은 일본의 30대 왕입니다. 그런데 민달천황의 손자가 누구냐하면 34대 서명舒明이라는 천황입니다. 일본말로는 '조메이'라고 하는데요, 사에키 아리키요 교수가 상당히 재미있는 말을 합니다. 1970년에 '신찬성씨록연구'를 발

▪ 강단의 우에다 마사아키 교수와 필자. <백제문화와 한일천손문화의 공통성> 강연장, (2010.10.5)

표하면서 "조메이천황舒明天皇은 구다라천황百濟天皇이라고 불리었을 것이다"라고 한 것입니다. 서명은 민달왕의 손자입니다. 백제왕족의 손자 서명은 백제왕족입니까, 아니면 어디 다른 나라 왕족입니까? 민달천황이 백제왕족이면 대원진인도 백제왕족이고, 손자되는 서명왕도 백제왕족이죠. 일본을 지배한 백제왕족입니다.

그리고 우리가 특징지어야 할 것은, 제가 다음 시간에 말씀드리겠습니다만, 이 분들이 바로 백제궁을 지은 사람들입니다. 민달천황과 서명천황이요. 민달천황은 서기 572년에 나라의 백제강터에 백제궁을 짓기 시작해서 33대 스이코천황 때에 완성했다 합니다. 또 서명천황은 재위 11년 7월에 조칙을 내려 "백제천 서쪽의 백성들은 큰 궁궐(백제대궁)을 짓고, 동쪽의 백성들은 큰 절(백제대사)을 지으라"고 했다는 기록이 일본서기에도 나옵니다. 서명천황의 아들이 누구냐 하면 백제가 망했을 때, 서기 663년에 2만 7천의 군사를 백제 지원군으로 보낸 천지천황天智天皇입니다. 660년에 백제가 망하고 나서, 662년에 백제 부흥군을 보낸겁니다. 천지천황이 무엇 때문에 2만 7천의 군사를 백제에 보냈을까요? 백제왕족이기 때문입니다. 이와 같은 발자취를 살펴볼 때 저는 백제와 일본왕실과는 끊을래야 끊을 수 없는 그러한 진한 피의 흐름이 이어져왔다고 단언합니다.

지난 시간에 제가 일본 아사히신문도 보여드렸고 뉴스위크 잡지도 보여드렸습니다. 그 기사에서도 일본천황이 자기 입으로 "제 50대 칸무천황의 어머니는 백제 무령왕의 직계후손이고, 그래서 내게도 한국인의 피가 흐른다"고, 그러한 말을 그분이 지난 2001년 12월 23일 68회 생신날 말했습니다. 그래서 궁내청 관리들이 크게 당황했다는 걸 말씀드렸습니다.

일본 왕실이 백제와 이렇게 진한 혈연을 가지고 있다는 사실, 그리고 2004년에는 일본 천황가의 왕자가 충남 공주 무령왕릉에 찾아와서 제사를 지내고 가면서, 그당시 오영희 시장님에게 1,300년 된 일본 왕실의 향로와 향을 기증하고 갔다는 말씀도 드렸습니다.

제가 지난번에 사진을 보여드리지 못해서 이걸 오늘 가져왔습니다. 이분이 오영희 시장이고, 이분이 일본 왕자입니다. 그리고 이분은 왕자를 수행한 왕실 직원입니다. 이와 같은 사실은 그 당시에 보도가 자세히 됐습니다.

그럼 무엇 때문에 이분이 무령왕릉에 와서 제사를 지내고 갔을까요? 여러분, 댁에서도 제사지낼 때 남의 집 제사를 지내지는 않습니까. 자기 조상의 제사를 지내죠. 마찬가집니다. 이와 같은 사실들을 우리가 하나하나 살펴보면서 백제와 일본왕실과의 연관관계를 따져보지 않을 수 없는 것입니다.

일본 교토에 가면 또한 놀라운 곳이 있습니다. 바로 이 평할 평平 자, 들 야野 자를 쓴 히라노신사平野神社가 있습니다. 신사라는 건 사당을

■ 일본 천황의 "한국인의 피가 흐른다"는 발언 기사가 실린 아사히 신문(좌)과 백제 무령왕릉에 와서 제사 지낸 일본 왕자와 오영희 공주시장.(중앙일보)

말합니다. 이 평야신사는 누구의 사당일까요? 참으로 놀랍게도 이곳은 백제왕들의 신주를 모시고 제사 지내는 터전입니다. 바로 평야신사 사당 안으로 쑥 들어가면 그 안에 여러 개의 신단들이 모셔져 있습니다.

다시 말씀드리지만 히라노신사는 백제 26대 성왕의 신주를 모신 사당입니다. 그리고 계속해서 신단이 있습니다. 주몽과 초고왕, 그리고 50대 칸무천황桓武天皇의 생모이셨던 무령왕의 직계후손 화을계의 따님인 화신립 황태후의 사당도 잇대어 있습니다.

그러면 일본 교토하면 흔히 어떤 곳일까요? 교토는 지난날 일본의 왕도로 유명합니다. 제 50대 간무천황이 794년에 세번째로 왕도를 옮겨온 곳입니다. 천도한 곳이예요. 헤이안경平安京, 평안경이라고 해요. 평안경, 평안하게 사는 서울이다 그런 뜻이죠. 오늘날의 지명은 교토京都입니다. 약 10년 전까지 나라땅에 왕도가 있었습니다. 그러다 칸무천황은 교토 인근인 쿠니경恭仁京이라는 곳으로 일단 나라의 왕도를 옮겨왔다가 다시금 천도한 곳이 헤이안경입니다. 칸무천황에 의해서 세 번째의 왕실이 교토라는 곳에 생깁니다. 우리나라에서도 백제의 수도가 처음에 한성(지금의 서울 한강 남쪽)에 있다가 웅진땅(공주公州)으로 내려오고, 다시 부여로 내려왔습니다. 이렇듯 천도를 했는데, 천도는 여러 가지 국가의 사정에 의해서 이뤄집니다. 칸무천황이 천도한 이유가 있는데, 무엇보다도 정사를 하는데 여러 모로 불편했기 때문이었습니다. 첫 왕도였던 나라 땅이 이분에게는 몹시 힘들었던 것 같아요. 그래서 쿠니경이라는 데로 옮겼다가 다시 794년에 지금의 교토땅 평안경으로 옮깁니다. 일본말로 헤이안쿄라고 합니다. 그러면서

## 백제 성왕의 신주를 모신 히라노신사

- 히라노오다이진-히라노신사 편액

- 히라노신사 사당 배전

- 히라노신사 경내의
  결혼식 안내

모든 게 잘 풀렸습니다.

이 칸무천황의 어머니가 누구시냐? 지난 시간에도 말씀드렸지만 화신립和新笠 황태후입니다. 뒷날 이 화和 자 성을 고야高野라고 바꿉니다. 고야라는 백제 계열의 천황도 있습니다. 그 때문에 고야신립高野新笠으로 불리게 됩니다. 일본 왕실 역사책『속일본기續日本紀』기사에는 물론 처음에 화신립으로 나오죠. 뒷날 고야로 바꿨다는 기사도 나옵니다. 일본왕실에서는 왕이 성씨를 바꿔주고 그럽니다. 공주라든지 왕비의 성씨만 바꿔 주는 것은 아니고 신하들 중에서 중신의 성씨도 바꿔주고 합니다. 사성賜姓이란 말을 쓰죠. 왕이 내려주는 성씨입니다.

일본 50대 칸무천황은 효자 중에 효자입니다. 아주 극진한 효성을 했기 때문에 화신립 황태후가 돌아가신 뒤에도 크게 대접을 받았습니다. 아버지는 제49대 광인光仁이라는 분인데, 이분도 백제인이라는 것을 제가『후쿠로소시袋草紙』라고 하는 일본 고대문헌에서 찾아냈습니다. 기록이 있습니다. 그러니까 칸무천황 아버지도 백제인입니다. 칸무천황은 순수한 백제 왕족입니다. 더구나 무령왕의 직계후손이고,

鬼 室 神 社

近江朝廷が大津に都を定めた頃、現在の韓国、時の百済国から我国へ渡来をした多数の渡来人の中の優れた文化人であった鬼室集斯という高官の墓碑がこの神社の本殿裏の石祠に祀られているところから社名が付けられました。

古くは不動堂と言い小野村の西の宮として江戸期まで崇敬された社であり、小野の宮座である室徒株によって護持されてきました。

また今日では鬼室集斯の父、福信将軍が大韓民国忠清南道扶餘郡恩山面の恩山別神堂にお祀りされていることから、姉妹都市としての交流が盛んに行われています。

■ 백제에서 망명한 일본 왕실의 귀실집사 장관의 묘비(좌)와 신사 설명판(우), 일본 오우미 왕도

어머니 화씨의 성씨가 무령왕의 왕성王姓이라는 것은 일본학계도 시인하고 있습니다.

이 화和 자를 보면 여러분 어떤 생각이 드나요? 일본을 상징하는 글자인 야마토和, 이 야마토라는 말을 여러분도 더러 들어보셨죠? 화를 야마토라고 읽습니다. 야마토는 일본입니다. 왜倭 자도 야마토라고 읽습니다. 화나 왜나 똑같습니다. 여러분들, 이런 말 쓰시죠? 일식 음식점에 갈 때 "화식和食 먹으러 가자"고, 이런 말을 연세 든 분들은 많이 쓰실 거예요. 요새 우리는 일식이라고 합니다만, 일본에 가면 화식이라고 그래요. 화식은 일본음식을 말합니다. 백제 무령왕의 성씨가 화 자예요. 화신립 황태후의 아버지 되는 분은 화을계和乙繼입니다. 그래서 일본 왕실에서 그분의 벼슬 칭호를 화조신和朝臣, 즉 야마토조신이라고 불렀다고, 일본 역사책 『속일본기』에 자세히 나옵니다.

제가 한자를 써서 젊은층은 이해하기 힘들겠지만 한자도 우리가 좀 배워 둘 필요가 있습니다. 야마토조신, 이분은 백제가 망했을 때 일본으로 건너갔습니다. 왜 왕실로 왔죠. 왕실에서 조정의 신하로 우대받

■ 화신립和新笠 황태후 사당

■ 칸무천황 초상화

앉던 분입니다. 그리고 따님이 태어났는데, 이분이 화신립 황태후입니다. 화신립 황태후는 광인천황이 왕자일 때 결혼했습니다. 그리고 낳은 아들이 50대 칸무천황입니다. 이러한 핏줄을 과연 누가 속일 수 있겠습니까?

화신립 황태후에 대해서 일본의 왕실 역사책 『속일본기』에 자세히 나와 있습니다. 화신립 황태후의 성품이 어질고 훌륭하다는 기록들이 쭉 나옵니다. 그리고 훌륭한 아들(칸무천황)을 뒀습니다.

야마토和라는 글자를 우리가 좀 생각해 볼 필요가 있습니다. 일본 사람들은 일반적으로 일식을 와쇼쿠和食라고 하는데, 사실은 와쇼쿠가 아니라 와지키로 읽어야 합니다. 근데 요즘은 세속적으로 와쇼쿠라고 읽는데, 본래 와지키입니다.

일본 사람들은 옷을 뭐라고 해요? 와후쿠和服라고 합니다. 그러니까

■ 한국의 역사학자와 문인들의 <일본속의 백제를 찾아서> 역사 탐방 모습.

화는 일본을 상징합니다. 일본이 군국주의 시절에는 야마토, 야마토 다마시, 대화혼大和魂 이런 걸 주장했습니다. 대화혼은 뭘까요, 백제혼이 아닐까요?

일본속의 백제는 우리가 계속 파고들어가면서 공부할 만한 가치가 있지 않겠느냐. 저는 그런 생각을 하고 있습니다. 하나하나 파고들면 놀랍습니다.

여러분, 칠지도를 아시죠? 여기에 대해서는 다음에 자세히 말씀드릴 기회가 있을 겁니다.

이 칠지도七支刀에 대해 처음 입증을 한 분이 교토대 사학과 우에다 마사아키上田正昭 박사입니다. 현재 일본 나라현 텐리天理시의 이소노카미신궁石上神宮에는 칠지도가 보존되어 있습니다. 칠지도는 백제의 제13대 근초고왕近肖古王(재위 346~375)이 4세기 중엽, 서기 368년에 왜나라에 살고 있던 백제인 후왕侯王(식민지왕)에게 하사한 보도입니다. 이 칠지도 앞뒤 양면에 60여자가 금상감金象嵌으로 음각이 되어 있는데요, 이소노카미신궁에 세 번씩이나 직접 가서 칠지도 실물을 검토한 우에다 교수는 '七支刀の傳世(1972)'라는 논문에서 이렇게 밝혔습니다.

"명문(고위왜왕지조전시후세故爲倭王旨造傳示後世)에는 백제왕이 왜왕을 위해 만들어 주는 것이므로 후세에까지 잘 전해서 보존토록 하라-고 되어 있다."

그리고 1976년에는 '倭國の世界'(講談社)라는 논문을 발표하는데요, 그 핵심 내용이 "칠지도는 백제왕이 아랫것인 왜왕에게 하사한 것

이다"라는 것입니다. 우에다 교수가 이 두 편의 논문을 발표했는데요, 저도 그 책을 가지고 있습니다.

우에다 박사가 그 사실을 밝혔더니 일본의 반한反韓주의자들이라고 할까요, 국수적인 청년들이 교수님댁으로 기습해왔다고 여러 번 저에게 직접 말씀하셨어요. 그 사람들이 과자상자를 내놓으면서 하는 말이 "박사님, 이번에는 과자가 들어있지만 다음번에는 딴 게 들어있을 겁니다!" 하고 협박을 했다고 말씀하셨어요. 다른 것이 무엇인지는 말씀 안 드려도 아시겠죠? 참으로 놀라운 사실들인데, 양식있는 역사학자들이 이렇게 『신찬성씨록』을 보증해주고, 자기가 한국관계 역사를 바르게 기록한 데에 대해 협박받은 것도 밝혀주셨습니다.

우에다 박사는 이런 말씀도 하십니다. "내가 이런 걸 밝힌다고 해서 한국 사람은 아닙니다." 당연한 말씀이죠. 이를테면, 일본사람의 약 80%는 한국인의 핏줄을 이었다고 일본의 인류학자라든지 고대사학자들이 밝히고 있습니다만, 그렇다고 해서 지금 그 후손들의 국적이 한국은 아닙니다. 백제도 신라도 아닙니다. 일본인이죠. 그와 마찬가지 예를 든다면, 미국사람들의 전부는 조상이 영국이나 유럽, 또는 아프리카 사람들이지만, 지금은 그냥 미국인이라고 합니다. 조지 워싱턴이니 벤자민 프랭클린, 오바마, 다 마찬가지죠. 그러므로 우리는 이러한 역사의 발자취를 바르게 알고 인식하면 됩니다. 굳이 당신은 조상이 백제다, 신라다 지적을 안 해도 됩니다.

제 앞에서 자기의 조상이 백제라고 한 분이 수백이 됩니다. 일본의 교수라든지 문화인이라든지, 저하고 친하게 지내면 어느 사인가 그 말을 해요. 내가 학위를 받았던 일본 대학의 총장님은 "나는 조상이 신라입니다"라고 저에게 말했습니다. 그분들이 묻지 않는데도 스스로 밝히는 것은 역시 피가 땡겨서 그런 거 같습니다. 피가 땡기는 건 어쩔 수 없는 거 같아요.

이와 같은 발자취 속에서, '일본 왕실의 30대 민달천황은 백제왕족이다'라는 사실을 일본 왕실족보를 통해서 자세히 알 수가 있습니다.

그런데 어떻습니까? 일본 교토, 교토는 앞에서 말씀드렸듯이 50대 칸무천황이 만든 왕도입니다. 여기에 사당이 있습니다. 히라노신사平野神社입니다. 저기 화면에 그림이 있습니다. 평야신사에는 관폐대사官弊大社라고 써 있습니다. 왕실이 직접 관장하는 사당이다, 그 소리죠. 왕실이 관장한 평야신사에 모신 주신主神이 백제 성왕입니다. 바로 여기에 신주를 모시고 있습니다. 백제 성왕을 모시고 있다는 그 사실은 이 사람 홍윤기가 주장하는 것이 아닙니다. 저는 문헌사학자로서 그동안 많은 문헌을 수집했습니다.

반노부토모伴信友(1775~1846)라고 하는 일본의 국학자가 있습니다. 19세기의 유명한 국학자예요. 이분의 책을 좀 크게 복사해서 만들었습니다. 이분은 19세기 중엽에 세상을 떠났는데, 히라노신사의 주신은 이마키신今木神이라고 지적하면서 "이마키신은 백제 성명왕聖明王이다"라고 했습니다. 일본 역사에서는 백제 성왕聖王을 성명왕이라고 불렀습니다. 일본의 대학자가 스스로 시인한 거죠. 덮어놓고 밝힌 것이 아니고, 이분도 여러 가지 일본 고대의 문헌들을 가지고 밝힌 것입니다.

일본 왕실에서 서기 927년에 만든 문서에 「연희식延喜式」이라고 하는 50권짜리 왕실법도 시행세칙이 있습니다. 50권이라면 산더미 같겠지만 그렇지 않습니다. 예전에는 종이에 붓으로 썼기 때문에 오늘날 책으로 인쇄한다면 이런 책으로 한 5권 정도가 됩니다. 현대식으로 인쇄한 책을 제가 다 가지고 있습니다. 어쨌든 그 왕실법도 첫머리에 등장하는 것이 뭘까요? 왕실 제사祭祀 항목입니다. 연희식 제1권에 보면 놀라운 사실이 드러납니다. 즉 「연희식」 최초의 항목인 제사에 관한 '신기神祇 제1'에 "왕실에 모신 3신주에게는 매달 월차 제사와 1년에 한 번 신상제 제사를 모신다(宮內省坐神三坐, 月次祭 新嘗祭-園神社, 韓神社二坐.)" 이렇게 법도로 정해져 있어요.

왕궁 내 왕실에 모신 사당의 명칭이 한신사韓神社입니다. 가라카미 韓神, 즉 한신은 뭘까요? 한신은 백제신입니다. 이건 우에다 마사아키 박사뿐이 아니라 여러 학자들이 고증했습니다. 일본 왕실 제사에서는 한신인 가라카미, 즉 백제신 두 분을 모시고 있다고 써 있습니다. 그리고 원신園神이라고 하는 신라신의 신주도 별도로 모시고 있습니다. 그러므로 모두 세 분의 한국인 조상신을 제사 지내오고 있는 것입니다.

이처럼 한신을 일본 왕실에서 모시고 있는데, 칸무천황이 평안경을 짓고 왕궁 북쪽에다가 한신사를 세웠다는 기록이 이 왕실 문서에 나옵니다. 한신사, 백제사당이죠.

우리는 제삿상을 북쪽에 놓고 제사를 지냅니다. 이러한 우리민족의 풍습, 민족의 전통. 칸무천황이 794년에 왕도를 교토땅에 옮기고 헤이안경, 즉 평안경 안 북쪽에다 세운 한신사에 백제신 두

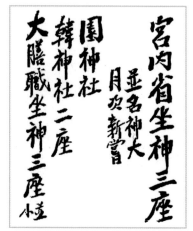

■ 천황궁 백제신 제사문서 <연희식>

분을 모시고 제사를 지냅니다. 이걸 언제 지내느냐 하면, 해마다 11월 23일에 지냅니다. 지금도 11월 23일에 제사지낸다는 것을 2002년 7월 11일에 제가 일본 천황궁에 처음 들어가서 제사담당관 아베 스에마사安倍季昌씨로부터 직접 확인했습니다.

11월 23일을 뭐라고 하냐면 신상제新嘗祭 제사, 니이나메사이にいなめさい라고 해요. 이게 뭔지 아십니까? 일본왕이 한신께 햇곡식을 바치는 제사입니다. 가을에 새로 거둬들인 곡식으로 한신제사를 모신다 이겁니다. 우리도 그렇지 않습니까? 농촌에서 햇곡식을 가지고 음력 10월 상달에 고사告祀를 모시지 않습니까.

신상제라고 하는 제사를 해마다 11월 23일에 거행하는 걸 확인했어요. 저는 가슴이 뜨끈했습니다. 그래서 재작년에 오사카의 뉴오타니호텔에서 일본인 350명을 모아놓고 강연을 할 때 그 얘기를 했습니다. 일본 왕실에서 백제신을 모시고 신상제를 지낸다고. 관중들이 눈을 동그랗게 뜨고 보더라구요. 그때 얘기했던 내용이 당시에 제 강연

▪ 천황궁의 아베 스에마사 악장(좌)과 저자

▪ 신관 차림의 아베 스에마사 악장

을 취재한 마이니치每日신문에 나왔습니다. 일본의 매일신문이죠. 이런 내용은 일본 신문에 처음 나왔다고들 해요. 이것이 보도된 매일신문 날짜는 2007년 7월 6일자입니다.

「연희식」에, 칸무천황의 시대부터 11월 23일날 신상제 제사를 지낸다고 한 것을 제가 쭉 밝혔습니다. 이 신문기사를 본 일본사람들이 제게 전화를 많이 걸어왔어요. 저는 "927년에 나온 「연희식」이라고 하는 왕실법도 시행세칙을 구해봐라" 했습니다. 도서관에 가면 책이 있습니다. 도서관에서 구해보고 인제 알았다고 하는 사람들도 여럿이었습니다.

여기 사진의 이분이 바로 아베 스에마사씨이고 이건 저입니다. 여기는 일본 천황궁 안의 제사 아악당입니다. 2002년 7월 11일날 제가 들어갔습니다. 이분이 천황을 모시고 제사를 지내는 아베 스에마사씨입니다.

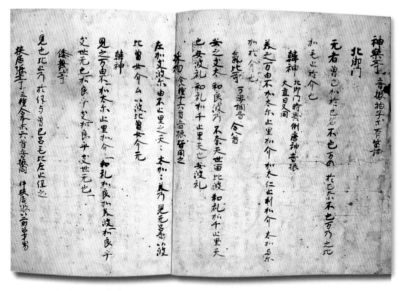

- 일본 고대 왕실 사당에서 백제신인 한신韓神 제사를 모시던 왕실 비장의 문서

이분이 저에게 여러 자료를 보여 주었고, 저는 여러 가지를 물어보고 그랬습니다. 여기서 한신韓神, 즉 백제신 제사를 지낸다고 밝혔습니다.

여기는 일본 교토의 히라노신사平野神社입니다. 백제 제26대 성왕의 신주를 일본 왕실에서 직접 모신 사당의 입구입니다. 그리고 이 안에 있는 사당들이 보이시죠? 기와지붕하고 삐죽삐죽한 거, 저 모습이 바로 성왕의 신당입니다. 이와 같은 기록이 연희식에 자세하게 나와 있습니다. 이건 일본 왕실이 관장하는 사당들입니다.

여러분, 교토에 가시거든 히라노신사에 꼭 가시기 바랍니다. 교토에 가면 흔히들 일본 사찰터로 이름난 금각사金閣寺를 많이 가시는데 이제는 바로 그 근처 성왕의 사당 히라노신사에 가서 참배하시기 바랍니다.

이것은 도쿄의 천황궁 왕실(神嘉殿)에서 제사지내는 한신韓神 축문입니다. 이 축문 끝 대목에 나온 내용이 "아지메 오게阿知女於介"라는 건데,

- 한신 축문

- 천황궁 현장에서 설명하고 있는 아베 스에마사 악장

한자어로 되어 있습니다. 이 축문의 제목도 백제신, 즉 한신입니다. 백제신 본말本末, 처음부터 끝까지라는 말입니다. 가라카미韓神, 이게 우리나라의 이두식으로 쓴 겁니다. 이두식, 만요가나萬葉假名인데요, 이렇게 읽습니다.

"미시마유후 가다니토리카케 와래 가라카미와 가라오기세무야, 가라오기 가라오기 세무야, 야히라테오 데니도리모치테 와래 가래 카미모 가라오기 세무야. 가라오기 가라오기 세무야. 오게 아지메 오오오오 오게."

바로 요 대목이죠. "오게 아지메 오오오오 오게" 아지메 신이 제삿상에 내려오셔서 제수를 잡수시라 그 소망이예요.

우에다 마사아키 박사는 아지메신을 최고의 무녀라고 본다고 제게 직접 여러 번 말씀하셨어요. 일본 왕실 제사를 누가 지내냐면요, 제사장으로서 왕실 최고의 여성이 맡습니다. 그래서 현재는 지금 천황의 누님(池田あつこ)이 담당하고 있습니다. 이것은 우리가 상식적으로 생각하는 무녀의 지위가 아니고 최고의 무녀 역할입니다. 그러니까 우리는 우리 민족의 뿌리가 어떻게 되느냐 하는 것을 앞으로 더 규명해 볼 필요가 있다고 봅니다. 우리가 조상 제사를 지내는 것, 신성한 무巫에서 하는 그런 관습들이 환국·배달·단군시대로부터 일본에 건너가서 왕실 종교가 된 겁니다. 일본 신도神道의 뿌리가 바로 고대 조선의 신교神教이고, 소도의 천신제사인 것입니다.

바로 이분이 아베 스에마사씨입니다. 이분이 천황가의 제사를 지낼 때 예복을 입고 천황을 모시고 제사터에서 제사무祭祀舞를 추기 위해 들어가는 장면이예요.

여기 보십시오. 일본 왕실에서 제사를 지낼 때 무녀의 모습인데요, 이렇게 오른손에는 여러 개 방울이 달린 방울대를 잡고 왼손에는 삐주기 나무를 들고 하늘로 추켜 흔들며 덩실덩실 춤을 춥니다. 그리고 여기서 북을 치고 징도 치고 그럽니다. 피리도 붑니다.

우리나라 무녀도 마찬가집니다. 서로 똑같다는 것이 경탄스럽습니다. 우리나라 무녀 김금녀씨는 인간문화재입니다. 똑같이 방울을 들고 있죠. 여기 솔가지를 들고 있습니다. 똑같습니다. 굿을 할 때에는 무녀가 칼을 잡는다든지 여러 가지 물건을 차례로 잡는 그러한 식순이 있습니다. 일본 왕실 제사에서도 마찬가지입니다. 이러한 단군조선의 천신제사 의례가 신교神敎로서 일본에 건너가서 왜왕실 신도가 된 겁니다. 신사, 신궁은 신을 모신 사당이예요. 신궁이니 신사니, 이 말을 일본사람이 쓴다고 해서 나쁘게 생각할 거 없어요. 신을 모신 사당입니다. 신궁神宮이라는 말은 고대 신라에서 가장 먼저 쓴 사당 명칭입

■ 무녀 김금녀씨(좌)와 신상제의 무녀 모습(우)

니다. 『삼국사기』에 그 기사가 있습니다.

저기 보시면 새끼줄에 종이, 흰 천들이 꽂혀 있죠? 어떻습니까? 우리가 성황당에 가보면 새끼줄을 매고 흰 종이나 천을 꽂아놓지 않았습니까? 이것은 뭐냐면요 폐백하는 겁니다. 신에게 바치는 겁니다. 신성한 곳이라는 뜻이기도 해요. 왜 그럴까요?

예전에는 옷감이나 종이가 귀했습니다. 그래서 신에게 바칠 때에는 매우 귀한 흰 천이나 흰 종이를 바쳤던 겁니다. 오늘날 우리는 종이를 흔하게 막 쓰고 그럽니다. 함부로 버리고 하는데 종이를 아껴야 합니다. 물질이 풍부하다고 낭비가 심합니다.

교토의 히라노신사, 성왕사당에 와서 일본의 소화천황이 참배를 했습니다. 그리고 성왕사당을 위해서 소나무를 기념식수했다는 그 기념 간판입니다. 그런데 제가 지난 2000년에 『일본천황은 한국인이다』라는 책에다 밝혔거든요. 그 책이 나간 뒤에 가 보았더니 기념판이 없어졌더군요. 현재도 없습니다. 어째서 없앴을까요? 제가 이 사진을 극히

■ 쇼와 천황의 식목 기념판

■ 히라노신사 해설판

아끼고 있습니다. "천황폐하가 식수植樹했다" 이겁니다. 여기 이 소나무입니다. 근데 이 소나무도 요새 안 보여요. 더구나 여기서 10년 전에 근무하던 궁사는 제가 이걸 밝힌 후에 저하고 우에다 마사아키 교수를 욕하고 있다고 일본학자들이 그러더라구요. 이 사람들이 처음에는 이게 성왕의 사당이라고도 안 밝히고 있었습니다. 문헌에 다 있어요.

여기는 주몽의 사당이예요. 후고구려를 세운 활 잘 쏘는 고주몽성제를 모신 사당과 초고왕 사당입니다. 그리고 이쪽 뒤로 이어집니다. 끄트머리쪽이 화신립 황태후, 공주님 사당이라고 되어 있어요.

9세기 초두에 교토땅 헤이안궁으로 천도함에 따라서 왕도 나라땅

■ 고구려인의 스사노오노미코토 사당인 야사키신사

인 야마토에 모시고 있었던 성왕사당을 헤이안경인 교토땅으로 옮겨 모신 곳이 히라노신사입니다.

그 당시 야마토로부터 옮겨 모신 금목신, 구도신, 고개신, 히메신의 신주를 제사지내는 왕실 큰 사당입니다. 거듭 말씀드리면 금목신今木神인 이마키노가미, 이분이 백제 성왕이라는 것이 지금으로부터 100여 전에 반노부토모 씨에 의해서 밝혀집니다. 이분 말고도 또 한분, 이마이 케이치 교수라든지 그밖에 여럿이 계속 밝혔습니다.

이런 문헌들을 그동안 제가 모았습니다. 이와 같은 증거가 있지만 사당 안내판에 안 내걸었었는데, 제 책이 나온 뒤에 이 사람들도 부끄러웠던지 이걸 교토시에서 만들어 문앞에 처음으로 걸어 놓았습니다. 금목신인 이마키노가미는 성왕이고, 구도신, 고개신, 히메신 이렇게 나오고 있습니다.

또 재미있는 사실은 평야신사, 그 안입니다. 서기 794년에 칸무천황이 왕도를 교토땅인 평안경으로 옮기고 왕실에는 북쪽에다가 백제신 사당을 세웠다고 앞에서 말씀드렸습니다.

그런데 왕도를 천도했을 초기에는 성왕 신주를 교토땅으로 모셔오지 않았습니다. 그런 가운데 어느날 칸무천황이 주무시는데 꿈에 성왕의 신탁이 내렸답니다.

"어째서 신주를 새 왕도로 옮겨 모시지 않느냐?"

그 당시 백제신 두 분의 한신韓神사당은 평안경 왕궁 안에 모셔놨는데 성왕의 사당을 아직도 안 모셔 왔어요. 그래서 성왕의 신령이 노여워하셨던 겁니다. 천황이 걱정이 돼가지고 조사해보니 신하들이 슬며시 숨기고 있더랍니다. 그래서 즉각 옮겨 모시라고 명했다는 것입니다.

여기는 교토에 있는 헤이안平安신궁입니다. 평안신궁은 칸무천황의 신주를 모신 사당입니다. 여러분, 교토땅을 그냥 일본의 고도라고만 생각하지 마세요. 이곳은 사실 백제인의 왕궁터라고 해도 과언이 아닙니다. 충남 공주公州나 부여扶餘와 같은 곳이다 이말이예요.

이곳은 평안신궁의 입구입니다. 지난 시간에 제가 솟대에 대해 말씀 드렸죠? 새가 있다, 즉 도리이鳥居입니다.

제가 지난해에 일본 큐슈에 갔었는데, 저를 안내해 준 일본 관청의 여성 관광안내원은 공부가 돼 있는 분이더라구요. 이걸 솟대라고 말하더군요. 그래서 내가 나중에 악수를 청했어요. 속으로 '당신, 공부를

■ 칸무천황의 신주를 모신 헤이안신궁

참 많이 했습니다' 하면서요.

이것은 지금의 교토땅 왕궁 안에 있는 왕실 옥좌입니다. 아마 예전의 형식을 닮았겠죠.

여기는 칸무천황의 어머니 백제 화신립 황태후의 왕실 능입니다. 이 수풀 속에 묘가 있습니다. 물론 누구도 들어갈 수 없습니다.

이 개는 성왕사당에 있는 고구려견狛犬입니다. 고마이누こまいぬ라고 부릅니다. 일본의 어느 사당이고 옛날부터 모두 이 고구려견이 수호신으로 앉아 있습니다. 고구려개라는 뜻이죠. 영특한 개 두 마리가 언제나 일본의 사당에 가면 있습니다. 사당 입구에서 악귀를 쫓는다, 못된 역귀를 쫓는다고 합니다.

이것은 충남 부여 시내에 있는 성왕의 동상이고, 이것은 영정입니다. 물론 영정은 후대에 그린 겁니다만, 상당히 잘 그린 거 같아요. 사실 성왕은 한·일 양국의 왕을 겸했습니다.

여기는 일본에 있는 성왕의 왕릉입니다. 우리나라에는 성왕의 능이 없습니다. 부여땅에 그냥 가릉假陵만 있어요. 바로 이것이 나라奈良땅

= 왕실 옥좌

= 일본의 성왕릉(킨메이천황릉, 아스카)

아스카飛鳥에 있는 성왕의 능입니다. 흠명천황릉欽明天皇陵이라고 하는데, 일본의 제29대 킨메이欽明천황이 바로 백제의 성왕입니다. 이것은 홍윤기가 주장하는 것이 아니고, 일본의 저명한 역사학자가 그걸 밝혔습니다. 고바야시 야스코小林惠子라는 분인데요, 이분이 『두 개의 얼굴을 가진 대왕』이라는 책을 냈습니다. 이 책을 낸 출판사도 일반 출판사가 아닌 일본의 대표적인 문예춘추文藝春秋라는 출판사예요. 이 책이 1991년에 나왔습니다. 지금으로부터 23년 전이죠. 여기서 이분이 성왕에 대해 구체적으로 썼어요. "백제왕 성왕은 흠명천황이다!" 이렇게 밝혔습니다.

그런데 이분만 이렇게 주장한 건 아닙니다. 여러 학자들이 똑같은 주장을 합니다. 물론 이분도 근거 없이 주장하는 게 아니고 고증 연구론으로 전부 자세히 밝히고 있습니다. 저의 연구와 똑같습니다. 저는, 일본 왕들의 계보가 6세기경부터 백제 계열이라는 걸 규명하면서 중요한 사실을 밝혀냈습니다. 백제 성왕이 554년 신라와의 전쟁에서 부상을 입고 서거하신 것이 아니고 일본으로 건너가셨다는 것입니다.

백제의 불경佛經이 538년에 일본으로 건너갑니다. 그리고 539년에 일본의 센카宣化천황이 서거했습니다. 이전부터 성왕은 백제와 일본을 왔다 갔다 하셨는데, 센카천황이 서거하자 일본에 건너가서 540년 7월에 센카천황을 이어서 공경할 흠欽 자, 밝을 명明 자, 킨메이欽明천황으로 등극을 합니다. 백제왕과 일본왕

— 일본의 모든 신사·신궁(사당) 입구에는 돌로 만든 고구려견(고마이누)이 앉아서 역귀를 내쫓고 있다.

양쪽을 다 맡게 된 것입니다. 그 후로도 왔다갔다 하면서 양국을 다스렸습니다. 그러던 중에 554년에 전사했다는 풍문을 퍼트리고 완전히 일본으로 들어간 것입니다.

『삼국사기』를 보면 '554년에 성왕이 50기의 기병을 거느리고 신라군의 진지로 쳐들어갔다가 부상당했다'고 했는데, 그 당시 백제왕을 따라서 움직일 때는 수만 명이 움직였습니다. 그런데 불과 50명의 기병만 거느리고 신라군의 진지로 갔다는 얘기예요. 아마 아들 위덕왕에게 "내가 죽었다고 소문을 내거라" 그러고 나서 일본으로 완전히 가신 것 같아요. 『삼국사기』를 읽어보면 위덕왕이 왕위를 계승한 뒤 3년 동안의 기록이 전혀 없어요. 4년째부터 기사가 나옵니다. 그걸 보면 역시 저 성왕은 얼마나 슬기롭고 용맹하고 위대한 왕이냐 하는 걸 추찰할 수 있어요.

저는 우리가 존경해야 할 백제의 왕들 중에 성왕은 물론 성왕의 아버지 무령왕, 또 무령왕의 아버지 동성왕, 그리고 삼근왕 등을 말하고 싶습니다. 백제 제23대 삼근왕이 서거했을 때 일본 유랴쿠雄略천황의 왕실에서 백제로 건너온 분이 누구냐면 무령왕의 아버지 동성왕입니다. 일본 왕실에 살고있던 어린 백제 동성왕자(末多王子, またおうじ)는 그 당시 유랴쿠천황으로부터 굉장히 총애를 받고 있었습니다. 그러던 중에 백제 삼근왕이 서거합니다. 그러자 일본의 유랴쿠雄略천황이 동성왕자에게 500명의 신하를 붙여서 백제로 보냅니다. 아니 일개 백제 어린왕자가 백제왕이 되기 위하여 백제로 돌아가는데 무엇 때문에 500명의 호위병을 큐슈로부터 백제로 딸려 보냈을까요? 그렇게 일본 왕실에서 건너와서 등극한 분이 동성왕입니다. 『일본서기』에서는 동성

왕을 백제 곤지昆支왕자의 제2자 말다왕末多王이라 쓰고 있습니다. 곤지왕자는 일본의 제15대 응신應神천황입니다. 그리고 동성왕이 서거하신 다음에 일본에 있던 아들이 건너와서 등극하는데 그분이 제25대 무령왕입니다. 이런 기록이 『삼국사기』에는 없습니다. 그럼 어째서 일본 왕실에 있던 분들이 건너와서 백제왕이 된 걸까요?

저는 그러한 발자취를 하나하나 토파가면서 상세한 계보를 만들었고, 제 책에도 자세하게 써놨습니다. 그리고 이 연구론은 특히 작년에 「신동아」라는 동아일보사 월간지 4월호에 논문을 써서 밝혔습니다.

어쨌든 우리는 백제라고 하는 우리의 조상들의 한일교류사, 특히 일본지역을 평정했던, 보다 구체적으로 지적하면 식민화했던 발자취를 높이 평가해야겠습니다. 백제가 그만큼 강성했기 때문입니다. 백제가 660년에 망했다고 하여 슬퍼하고만 있을 건 아니예요. 나라는 어떤 나라든지 일어났다가 망했다가 합니다. 그러나 백제인들이 이룩한 그 위대한 발자취, 특히 일본 왕실을 거느린 발자취, 이것은 우리가 우리역사에 이제 써 넣어야 합니다. 우리가 너무 우리역사에서 우리 조상에 대한 것들을 소홀히 했다고 해도 과언이 아니라고 봐요. 또한 환국과 배달, 그리고 단군조선이래 모든 우리 한민족의 역사, 북부여며 고구려며 발해라든지 이러한 것도 그렇습니다. 우리가 모든 역사의 발자취들을 정확하게 기록함으로써 후손에게 우리의 자랑스런 민족의 역사를 가르칠 수 있고 이어나갈 수 있을 것이라고 생각합니다. 아직도 일제 식민사관을 고집하는 사람들이 적지 않다는 것도 굳이 지적합니다.

오늘 여러 가지를 여러분에게 말씀드렸습니다.

감사합니다. 🏵

# 4강

## 백제궁에 살던 일본 천황들

여러분, 안녕하십니까. 백제를 일본에선 뭐라고 한다고 했죠? 구다라. 한번 해보시죠.

"구다라."

구다라는 '구드래'에서 왔다고 보면 되고, 일본에선 '큰 나라'라는 뜻입니다. 백제가 문화선진국이라는 의미에서입니다. 구다라, 구다라나이, "백제물건이 아니면 쓸만한 물건이 아니다, 진짜 물건이 아니다, 좋은 것이다"라는 것이 쭉 고대 백제열풍을 일으켰습니다. 구다라 열풍이라고 하겠죠. 일본 속에 백제는 살아있습니다. 지금도 살아있고 앞으로도 살아있을 겁니다. 일본의 역대 천황들 중에서 백제궁을 짓고 산 천황이 두 사람이 있습니다. 일본천황이 왜 백제궁을 지었을까요? 우리가 묻지 않아도 되겠죠?

바로 제30대 민달천황, 이분은 일본 왕실족보에 백제 왕족이라고 나와있다는 거, 여러분 알고 계실 줄 압니다. 일본 왕족인 대원진인大原眞人이란 사람의 계보를 보면, "대원진인은 백제왕족 민달천황의 손자다"라고 일본 왕실계보인 『신찬성씨록』에 기록되어 있습니다. 서기 815년, 즉 9세기 초의 왕실책입니다. 이 민달천황은 572년에 왕위에 오르자 백제대정百濟大井 땅에다가 궁을 지었다고 합니다. 그러니까 나라지역에는 백제대정이란 땅이 있었다 이겁니다. 백제인들이 얼마나 많이 몰려가서 살고 파워가 컸으면 백제대정땅이라고 했겠어요? 『일본서기』에서는 "백제대정땅에 궁을 세웠다"고 했고, 일본 불교왕조사인 『부상략기扶桑略記』에 보면 "비다쓰천황敏達天王이 즉위한 뒤에 백제대정궁百濟大井宮을 야마토大和의 도읍에 마련했다[元年夏四月, 是月宮于百濟大井]"고 했습니다. 여하간에 백제궁을 짓고 살았습니다. 백제왕족이라는 사람이 백제궁을 짓고 살았다. 그리고 백성을 다스렸다 이겁니다. 어떻게 생각하십니까?

더욱 주목되는 것은 이 민달천황의 친손자인 서명천황 역시 백제궁을 짓고 살았습니다. 직접 백제궁을 지었어요. 『일본서기』에 그 기사가 나옵니다. 할아버지는 백제대정궁을 지었고 손자는 백제궁을 지었어요. 이 지역이 현재 일본 나라현 기타카쓰라기군 고료초 구다라廣陵町百濟라는 곳이예요. 행정지명이 구다라입니다. 고료초 구다라. 일본에서 오늘 현재 행정지명으로 '구다라'라는 행정지명이 있는 곳은 여기 말고도 히가시 오우미시東近江市라고 해서 교토 동쪽 '비와코' 호수지역에 백제사정百濟寺町이라는 곳이 있습니다.

『일본서기』라는 역사책을 보면 서명천황은 629년에 왕위에 오르자마자 "백제천百濟川 서쪽의 백성들은 백제궁을 짓도록 하라"고 명했습니다. 일본에서는 강江 자 대신에 내 천川 자를 많이 씁니다. 백제천 서쪽의 백성들은 백제궁을 지어라. 동쪽의 백성들은 백제대사를 지어라. 즉 백제 큰절을 지어라 이겁니다.

서명천황이 백제강 서쪽의 백성들에게는 백제궁을 짓고, 동쪽의 백성들에게는 백제대사, 큰 절을 지으라고 명한 역사가 『일본서기』 729

년조에 나옵니다. 번역본이 서점에 있을 겁니다. 한번 확인해보세요.

그리고 그 지역의 강이름은 백제강입니다. 백제강, '구다라가와'라고 하죠. 함께 읽어볼까요?

"백제강, 구다라가와."

백제궁은 '구다라구'입니다. 그리고 백제대사는 '구다라다이지' 또는 '구다라오데라'라고도 합니다. 일본에서는 사찰을 절, 즉 '데라'라고 합니다. 이 말이 어디에서 왔느냐 하면, 바로 한국어의 절에서 왔답니다. 서기 538년에 성왕에 의해서 백제 불교가 일본에 처음 건너갔을 때 나온 말입니다.

서명천황을 일본말로 '조메이舒明'라고 부릅니다. 조메이천황이죠. 이분이 백제궁을 짓고 여기 들어가서 살았습니다. 서기 641년에 서명천황이 승하하자 장례를 치르는데요. 이분의 장례식을 '백제대빈百濟大殯', '구다라노오모가리'라고 합니다. 백제대빈이라는 말은 '백제왕실의 3년상'을 말합니다. 이것을 입증할 수 있는 것은, 지난 1971년 7월 8일에 충남 공주에서 무령왕릉이 발굴됐을 때 무령왕의 동판 묘지명에서 무령왕이 3년상을 치른 기록이 나옵니다.

고대 백제에서는 왕이 승하하면 처음에는 가매장을 합니다. 가매장을 하고, 그 다음에 명당을 찾아서 3년 만에 훌륭한 묘지에다 안장을 합니다. 바로 그 발자취를 서명천황이 일본 나라땅에서 똑같이 밟았어요. 백제대빈, 구다라노오모가리라고 일본 역사책에 나오고 있습니다. 그 대목을 쭉 보면 정말 어떻게 이러한 대목이 지워지지 않았느냐는 신기한 생각이 들 정도입니다.

일본 역사책 하면, 역사왜곡으로 뒷날 많이 조작한 것으로 압니다만 실제로는 백제 얘기가 거의 반이상 줄었다고 해도 과언이 아닙니다. 일본역사에 왜 백제얘기가 들어가겠습니까? 그것은 우리가 진지하게 생각할 가치가 있다고 봅니다.

일본왕 중에 백제왕족이라는 민달천황은 백제대정궁百濟大井宮을 지었고, 그 손자인 서명천황은 백제궁百濟宮을 지었고, 이분이 백제궁에 살다가 승하하자 백제대빈이라고 하는 백제식 3년상을 치렀다. 그리고『일본서기』에도 역시 3년만에 이분의 묘지를 안장한 기록이 나옵니다. 그러니까 그 발자취를 보면 백제 무령왕의 경우도 그렇거니와 일본에서는 백제식으로 왕실에서 3년상을 치렀다는 것을, 3년의 큰 장례를 치렀다는 것을 잘 알 수 있습니다.

더욱 놀라운 사실을 여러분에게 말씀드리겠습니다. 백제천百濟川은 일본 나라奈良 땅 고료초 구다라廣陵町百濟 지역에 있습니다. 그런데 이 백제천이 지금은 증아천曾我川, 소가가와로 명칭이 바뀌었어요. 백제란 글자가 없어진 것입니다. 조사해보니까 일제하에 바뀌었습니다. 그런데 소가가와라는 명칭도 완벽하게 백제를 떠난 것이 아니고, 백제계열의 왕실지배자였던 '소가蘇我'라는 사람의 가문 명칭을 딴 것 같아요. 아스카飛鳥 서북쪽에 있는 소가지방은 백제인들이 많이 모여 살던 지역입니다. 해서 백제라는 명칭을 없애는 대신 그래도 뿌리가 있는 '소가'라고 붙이지 않았나 생각합니다. "백제라는 말을 지워버려라" 하고 위에서 명을 내렸을 때, 그래도 생각이 있는 관리가 '소가라는 터전이니까 소가로 바꾸자' 해서 그렇게 한 것 같은데, 문헌의 기록은 못 찾았어요.

어쨌든 일본 군국주의하에서 백제 관련 명칭을 많이 없앴습니다만,

지난 시간에도 일본의 여러 지역의 예를 들어 드렸듯이 오사카 지역만 해도 백제역, 백제소학교, 백제 버스정류장 등 백제라는 이름이 지금도 많이 있는 것이 사실입니다.

지금까지 말씀드린 시기가 얼마나 오래 되었습니까? 서기 7세기 중엽까지의 얘기인데, 7세기 중엽이면 지금으로부터 약 1,400년 전입니다. 그러한 발자취가 있다는 것은 그 당시 백제가 얼마나 강력한 국가였느냐는 사실을 보여주는 것입니다. 군사적으로 막강했기 때문에 그랬겠죠.

일본을 향해서 멀고 험난한 바다를 건너서 다니고 했을 때 그 선박술도 상당히 뛰어나지 않았겠느냐. 그러한 것은 저번에 앞서 6세기 말 왕인의 시대에 아직기 왕자가 건너갈 때 암수 두 마리의 말을 데리고 백제 계열의 응신왕, 즉 오진천황(백제 곤지왕자)의 왕실로 갔다고 했는데, 말 두 마리를 배에다 실어가지고 간다고 가정해볼까요? 큰 배에다 말 두 마리를 싣고 백제를 떠났다고 하면, 적어도 일본 내해로 들어가서 왕궁까지 가는 동안 한 달 이상이 걸릴 겁니다. 그동안 저 두 마리가 먹어야할 여물이 얼마나 많이 필요 하겠어요?

그러면 왕자가 말 두 마리만 데리고 갑니까? 왕자 혼자서 말 두 마리를 먹이면서 갈 수 있습니까? 왕자니까 종자들이 적어도 5~6명에서 10명 정도는 따르겠죠. 그리고 뱃사공이라든지 부속된 사람들이 많이 타고 있었겠죠. 그러면 이 사람들도 먹어야 할 게 아닙니까. 그러니 저 배가 얼마나 컸느냐는 것을 상정하게 됩니다. 배의 규모에 대한 것은 기록에 없습니다만, 어쨌든 아직기 왕자가 말 두 마리를 거느리고 오진천황의 왕실로 건너갔다. 이게 6세기 말의 얘기입니다. 이러한 시대가 이어지는 6세기, 7세기 한 200년간에 왕성하게 백제가 일본의 오사카며 나라 땅을 주름 잡았습니다.

그전엔 일본 남단인 큐슈九州 땅으로부터 올라갔다고 하는 기록이 나옵니다. 구주에서 일본 선주민의 터전을 지배하는 힘을 키운 다음에 계속 진출해서 일본 내해로 들어가 오사카까지 올라가서 오사카의 난바難波 땅에다 거점을 마련했던 것입니다. 오사카 땅의 난바에서 왕인이 〈난파진가難波津歌〉를 지으면서 인덕천황을 왕위에 올렸다는 말씀을 지난시간에 말씀드렸습니다.

'난파진難波津'은 백제로부터 험난한 파도를 넘어서 건너갔다는 말입니다. 1925년에 일본의 가나자와 쇼사부로 박사가 지은 『광사림廣辭林』이라는 사전에 나옵니다. 왕인의 〈난파진가〉를 인용하면서, '왕인의 〈난파진가〉가 있듯이 왕인에 의해서 오사카 이름이 난파로 지어졌다'는 것입니다. 현재 난바입니다만, 우리말로는 난파입니다.

이것은 근세였던 15세기~16세기에 영국 사람들이 요크지방에서 대서양을 건너 지금의 뉴욕 땅으로 가서 개척을 합니다. 여러 서양학자들이 쓴 기록을 보면, 요크York지방 사람들이 바다를 건너가서 개척한 터전이 뉴욕New York인데, 요크 사람들이 건너가서 새로운 요크를 만들었다는 뜻입니다. 그래서 뉴욕입니다. 이게 15세기~16세기의 일인데, 난파진은 언제 일입니까? 그보다 천년 전 얘긴가요? 놀라운 사실이죠. 이렇게 바다를 건너 수많은 백제인들이 건너가서 개척한 땅. 사람만 건너간 게 아니라 말도 건너가고, 소와 개도 건너가고, 베틀도 가고, 대장간 만드는 여러 가지 연장도 건너가고 하면서 개척한 터전이 지금의 오사카 난바 지역입니다.

일본 선주민들은 원래 동남아 계통, 특히 저 아래 인도네시아나 쪽 사람들이 오랜 세월에 걸쳐 이주해와서 살았다는 것을 지난번에 말씀 드린 적이 있습니다. 그들은 당시에 아직 미개한 사람들이었기 때문에 선진국 백제의 지배하에 둘 수가 있었던 것입니다. 그래서 백제궁을 지었다는 것이죠.

민달천황의 손자인 서명천황이 백제궁과 백제대사를 짓고, 백제궁에서 살다가 서거했을 때 백제대빈이라는 백제식 3년상을 치렀습니다. 그래서 사에키 아리키요 교수는 "서명천황은 당시에 백제대왕으로 불렸을 것이다"라고 했습니다. 이분이 『신찬성씨록』을 연구한 20세기 일본의 가장 권위있는 학자입니다. 이분이 지금으로부터 40여년 전에 쓴 연구론을 보면 "서명천황은 백제대왕으로 불렸을 것이다" 이렇게 밝히고 있습니다. 물론 '불렸다'고는 안 하고, '불렸을 것이다'라고 했습니다. 저도 그렇게 생각합니다. 불렸을 것이다. 당연하지 않습니까?

백제강이 흐르는 곳에 백제 큰 절인 백제사를 짓고, 자기 왕궁의 터전인 백제궁을 짓고 살았습니다. 그리고 백제궁에 살던 공주는, 백제에서 보내온 아름다운 꽃을 처음으로 보고는 크게 감동합니다. 그 꽃이 '히이라기柊'라는 꽃이에요. '종柊'이라고 발음해요. 우리나라에서는 호랑가시나무꽃이라고 하는데, 이 꽃을 보고는 "역시 백제의 꽃은 아름답다, 과연 백제다"라고 했습니다. 그야말로 백제일색이었다는 얘기죠. 구다라나이죠. 백제 것이 아니면 값어치가 없다 이 얘기예요.

이러한 백제가 멸망했을 때로 옮겨갈까요? 백제궁을 지은 서명천황의 아들이 누구냐면 천지천황天智天皇입니다. 덴지라고 하죠. 이 사람의 어머니가 누구냐, 사이메이, 제명齊明입니다. 이분도 왕을 했어요. 641년에 서명천황이 승하하자 왕비인 제명이 여왕이 됩니다. 제명천황齊明天皇이죠. 이 제명천황이 백제가 망할 당시에 백제를 지원할 원군을 편성하고, 그러다가 돌아가십니다. 그래서 왕자인 덴지가 상복을 입은 채 어머니를 이어서 왕위를 계승합니다. 말하자면 등극도 하지 않고 정사를 나섭니다. 그러면서 서기 663년에 2만7천명의 원군을 백제땅에 보냈던 거죠. 어떻게 납득이 가시겠습니까? 백제대정궁을 지은 민달천황의 손자인 서명은 백제궁을 지었고, 이 사람의 아들인 천지천황이 660년에 백제가 망했을 때 어머니와 함께 백제 구원군을 편성합니다. 그리고 3년만인 서기 663년에 2만7천명의 군사를 백제로 보냈다 이겁니다. 설득력이 있지 않습니까?

자기 핏줄이 당기는데 어떻게 구원을 안 하겠습니까. 백제가 망해서 난리를 치고 있는데 가만히 있습니까? 백제에서 건너와 일본땅에 살

■ 백제사 게시판. 조메이왕이 639년 12월 백제강 강변에 백제대사와 구중탑을 세웠다는 『일본서기』 내용을 소개하고 있다.

■ 나라땅의 백제사 삼층탑

던 사람들이라든지, 그 지역 선주민을 이끌고 원군을 만들어서 2만7천명이 백제로 건너갑니다. 백촌강白村江(白江) 전투라고 했는데, 금강의 한 지역이겠습니다만 아직 확인은 안됐습니다. 백천강 지역이라고 합니다.

2만7천명이 일본 큐슈로부터 백제땅으로 건너갔습니다. 여기까지 오는 동안 적어도 한 달 정도는 걸렸을 겁니다. 풍랑에 뭐에 시달렸겠죠, 지쳤겠죠. 그걸 기다렸다가 오는 걸 쳤습니다, 나당연합군 수군이요. 그래서 백제는 완전히 망합니다. 그때 백제로부터 많은 유민들이 일본으로 많이 건너갑니다. 물론 그전부터 3, 4, 5, 6세기부터 쭉 건너왔죠. 663년 이후에 유민들이 건너오니까 어떻게 했습니까? 천지천황이 처음에 백제인들 400명을 근강近江이란 땅에 서둘러 수용합니다. 오우미라고 합니다. 교토땅이 여기 있으면 요 동쪽입니다. 여기가 오우미입니다. 오우미에 일본에서 가장 큰 호수가 있습니다. 굉장히 거대한 바다같은 호수가 있어요.

뒷날 얘기입니다만 교토는 백제계열의 칸무천황이 794년에 왕도를 만들었습니다. 거기서 가깝습니다. 교토에서 전철로 한 30분밖에 안 걸립니다. 바로 이지역인데, 호수도 있고, 산도 있고 경치가 아름답습니다. 지금은 지역 명칭이 오츠大津시, 대진이라는 시입니다. 지금의 오츠시가 예전 오우미 땅입니다. 천지천황이 이 오우미에 백제인들이 살게 땅을 주고, 집과 먹을 걸 줬습니다. 그러고서 또 2,000명을 동쪽 지역에 살게 하면서 여기서 관급官給을 줬다고 『일본서기』에 나와요. 관급을 줬다는 건 나라에서 돈이나 먹을 걸 주고, 살 터전을 마련해줬다는 얘기죠.

그 후, 663년에 백제가 완전히 망하고 나서 유민들이 건너왔을 때에는 700여 명을 또다시 이 오우미, 근강 땅에 자리잡게 했는데, 이때는 백제 왕실의 왕족과 고관들이 많이 왔어요. 이를테면 귀실집사鬼室集斯와 같은 대학자가 건너오자 마자 왕실에다가 학주라고 해서 교육부장관이라고 할 수 있죠, 학주를 시키고 그럽니다. 그리고 건너온 백제 왕족과 고관들을 전부 종신으로 썼어요. 이러한 것을 본다면 적어도 민달천황으로부터 이어지는 백제 왕실의 계통을 투철하게 살필 수가 있습니다.

서명천황이 백제대궁을 짓고, 백제성과 백제 큰 절을 짓고 살던 지역이 고료초 구다라라고 여러분에게 말씀드렸습니다. 현재 여기에 뭐가 있냐면요, 백제 삼층탑이 있어요. 물론 이것은 지금으로부터 4~5백 년 전에 다시 지은 겁니다. 쓰러지고 썩고 쓰러지고 해서 다시 짓게 됐는데, 이게 바로 그 백제 삼층탑입니다. 이 탑 앞에 이렇게 써있어요. '백제사 삼층탑 중요문화재 불조심하자' 이렇게 써있지 않습니까? 이렇게 되어 있습니다. 여러분, 일본 나라지방에 가시거든 한번 찾아가세요. 백제강이 어디에 있냐면요, 여기서 불과 1㎞ 남짓한 지역에 흐르고 있어요. 이름이 바뀌어서 지금은 구다라강이 아니고 소가강이 흐르고 있습니다. 이 터전 일대가 서명천황의 백제궁과 백제대사가 있던 지역이라고, 일본 학자들이 밝히고 있습니다.

백제사百濟寺를 구다라지라고 읽어요, 구다라지. 절을 '데라'라고도 하고 '지'라고도 발음해요. 일본에서는 한자를 음과 훈으로 발음한다고 제가 말씀드린 바가 있습니다. 저곳과 같은 터전이 지금도 있습니다. 백제 삼층탑 근처에 있는 마을입니다. 백제씨百濟氏도 살고 그랬어요. 행정지명이 고로쵸 구다라 백제인데, '백제우편국'도 있습니다. 지금도 '백제 간이우편국'이라고 있습니다. 직원들 서너 명이 근무하고 있어요. 백제, 듣기만 해도 아주 정답죠. 들어가서 얘기를 걸면 좋아해요, 일본 우체국 직원들이. 그래서 일본 학자들도 백제궁이 저 일대에 있었을 거라고 한 것입니다. 여기서 2㎞ 남짓한 데서 백제대사 큰 터전이 발굴된 적이 있습니다. 지금으로부터 한 십여 년 전의 일입니다. 백제궁 발굴사업도 지금 나라현의 고고학자들이 하고 있습니다. 제가 작년에도 직접 가봤습니다. 아직 유물이 나오진 않았는데 발굴을 계속하고 있습니다.

우리가 이러한 역사의 터전들을 찾아본다는 건 상당히 의미가 있습니다. 우리나라에는 없는 터전들이 일본에는 살아있습니다. 저도 답사할 때마다 가슴속에 뜨겁게 느낍니다. 겨레의 숨소리를 느끼는 거죠.

백제가 망했을 때 군사를 보낸 천지천황, 이분이 왕도를 옮겼습니다. 나라 땅에서 오우미로 옮긴 겁니다. 이때 민심이 흉흉했어요. 『일본서기』를 보면, 나라에서 방화사건이 막 일어나고, 나쁜 풍문을 전하는, 그러한 비방하는 노래가 퍼졌다는 기사가 나옵니다. 왜 그랬을까요? 천지천황이 선주민들을 놔두고 오우미 땅으로 천도했기 때문에 그 사람들이 비방한 것이겠죠. 우리를 버리고 간다 이런 겁니다. 백제인들 처음에 400명, 다시 700명에게 땅을 주고 살게 한 그 지역으로 왕도를 옮긴 겁니다. 여기에 대해서 일본학자들이 쓴 글들을 제가 쭉 연구해 봤더니 천지천황이 오우미로 천도한 이유가 몇가지가 있더라고요.

물론 하나는 나당연합군이 일본 큐슈 땅으로 처들어오지 않을까 그 걸 걱정했던 거라고 하는 학자들이 있습니다. 어느 정도 설득력은 있어요. 그런데 어쨌든 간에 옮길 수 있는 힘은 어디 있었느냐? 그동안 건너온 백제인들 중에는 건설 기술이 뛰어난 인물들이 많았던 것이죠. 재력도 많았다고 해요. 바다를 건너올 때 왕족들은 재력이 될 만한 금은보화 등 여러 가지 귀중한 걸 많이 가져온 것 같아요. 거기에 대한 상세한 내역의 기록이 나오지 않습니다만, 천지천황은 이쪽으로 천도를 해가지고 자리를 잡고 여기서 편하게 왕실을 운영합니다. 그러다가 이분이 머지않아 승하하게 됩니다.

　여러분, 일본 교토에 가실 때 한번 오우미 땅, 이 근강에 가보세요. 여기에 뭐가 있냐면요, 천지천황의 사당이 있어요. 오우미신궁近江神宮이라고 합니다. 저는 여기 수십 번을 갔어요. 여기 궁사하고도 친합니

■ 오우미신궁의 사토 히사타다 궁사와 저자

## 덴지천황을 모신 오우미신궁

■ 오우미신궁의 정문

■ 오우미신궁의 덴지천황 사당

■ 오우미신궁에서 제사모시는 덴치천황(661~671) 초상화. 덴치천황은 660년에
  백제가 망했을 때, 2만7천의 백제 구원군을 파병했던 백제인 왕이다.

■ 덴지천황과 후지와라노 가마타리(윗쪽), 신하들(아랫쪽)

다. 사토 히사타다佐藤久忠宮司라는 궁사인데, 이 궁사가 상당히 친근한 사람이예요. 제가 여러 번 오우미신궁에 대해서 논문도 쓰고 그래서인지 아주 좋아해요. 이 사람이 그 궁사인데, 지난 여름 7월 26일날 찍은 사진이예요. 이게 바로 오우미신궁의 그림입니다. 거기서 나온 책이죠. 일본의 소화 천황이 여기에 직접 와서 천지천황 사당에 참배를 했답니다.

이게 옛날 고대 문화재인데, 이러한 여러 문화재들이 우리 백제 쪽에서 간 게 아니냐, 그러니까 천지천황이 백제인들의 기술과 재력을 바탕으로 해서 나라 땅에서 이곳으로 천도했다, 더구나 그것은 또 나당연합군이 일본 땅, 특히 큐슈 땅으로 쳐들어오는 것을 경계한 것이 아니겠느냐 하는 겁니다. 일본 땅이라고 하면, 여기 큐슈라고 한다면 왕도는 물론 이 안쪽입니다. 세도 내해 안쪽의 교토 이쪽인데, 여기다 뭘 했냐면 북큐슈 땅에다가 성을 쌓았습니다. 대야성大野城, 국지성鞠智城, 수성水城 등을 쌓았는데 그 성토가 아직도 있습니다. 말하자면 바닷가쪽이죠. 이쪽에서 쳐들어오면 이리 와야 하니까 제일 가깝습니다. 근데 이것을 누가 세웠냐 하면 백제장군이 앞장서서 건설했어요. 대야성은 일본말로 오노성, 국지성은 기쿠치성, 수성은 미즈키성입니다. 모두 백제인들이 나당연합군에 대비해서 만든 성입니다.

서기 663년, 백촌강 전투에서 나당연합군에 패한 후에 당시 야마토 정권은 큐슈 땅을 중심으로 성을 쌓습니다. 그때 쌓은 여러 성 중에 북쪽 수비를 위해 시오지산에 쌓은 성이 대야성이죠. 오노성에 가면 복원한 성터가 있습니다. 곡식 창고라든지 망루라든지 전부 세워놨어요. 여기에 백제장군의 동상이 있어요. 놀라운 것은 지난해 10월 4일에 여기 저수지 근처에서 발굴 작업을 하다가 백제입상이 나왔습니다. 요만한, 아주 조그마한 불상인데, 호지불이라고 해서 왕족이 가지고 다니던 불상입니다. 그런데 놀랍게도 그 형태가 부여에서 출토된 불상과 거의 똑같습니다. 지난 7월 8일, 제가 여기에 갔었는데 여기 관장님이랑 지역의 역사학자들이 절 맞아주며 아주 기뻐하더라고요.

백제로부터 건너온 유민들이 성을 쌓은 터전에서 불상이 나왔다고, 그 불상을 일본 국보로 모시게 될 거 같다고 하면서 여러 가지 손질을 하고 있다고 하더라고요.

아까 백제 삼층탑이 있는 이 지역에서 뭐가 나왔냐면, 요 옆에서 백제사 터전이 발굴됐고 여기서는 백제궁터를 발굴 중입니다. 나라국립문화재연구소에서 백제궁을 발굴하고 있는 거예요. 제가 이 지역의 사진을 찍은 것은 한 5년 전입니다. 지난해에 가보니까 그때까지도 발굴을 하고 있었습니다.

그림이 좀 더 있는지 모르겠습니다. 아까 말씀드린 백제 삼층탑 옆에 우체국인 백제 간이 우편국이라고 나오지 않습니까. 그래서 제가 여기에 일부러 들어가서 학교로 편지를 띄운 적이 있어요. 백제 우편국의 도장을 찍어주니까요. 여러분도 여기에 가서 편지를 집으로 띄워보세요. 그냥 일본에 관광을 가는 것도 좋지만, 사실 이러한 곳은 연면한 백제의 숨결이 있는 지역이니까 아주 뜻이 깊죠.

이게 백제강입니다. 지금은 무슨 강이라고 했습니까? 소가강, 소가가와, 한국어로 발음하면 증아강이라고 바뀌었습니다. 여기에 둑을 쌓아서 지금은 좀 좁아진 모습입니다. 옛날엔 둑이 없었죠. 그냥 강물이 흐르던 곳에다가 고랑을 깊게 파서 만들었습니다. 바로 여기 이 나무 이쪽에 백제사 삼층탑이 있습니다.

다음은 백제사에 대한 설명인데요, 서명천황 11년인 서기 639년 7월에 천황이 조칙을 내려 "금년에 큰 궁궐(백제궁)과 큰 절(백제대사)을 만들어라"라고 합니다. 그래서 백제강 서쪽에는 백제궁을 짓고 동쪽에는 백제대사를 짓습니다. 백제사는, 성덕태자의 유지로 세운 정사(태응정사態凝精舍)를 서명천황이 서기 639년에 백제강 옆으로 옮겨 건립하여 백제대사라고 한 것입니다. 그리고 12월조에 보면 "이 달에 백제강 옆에 구중탑九重塔을 세웠다"고 나옵니다. 구다라지, 백제사에 대한 서명천황의 발자취를 쓰고 있는 겁니다. 물론 현재 문화재라든지 여러 가지가 있습니다만, 돈을 들여서 다시 잘 정비를 해야 할 것 같아요.

바로 여기 이 분은 누구냐 하면 제30대 민달천황敏達天皇의 왕비 추고천황推古天皇입니다. 민달천황은 백제 성왕의 아들로, 4남매가 왕을 했습니다. 성왕의 첫째 아들이 백제의 위덕왕이죠. 둘째가 민달천황, 셋째가 용명천황입니다. 민달천황은 성왕이 일본에서 낳은 성왕의 따님이죠. 추고推古, 일본말로 스이코인데, 저분이 스이코여왕입니다. 이 추고여왕과 용명천황은 어머니가 같아요. 성왕인 흠명천황은 모두 25명의 왕자와 공주를 뒀던 분인데, 그 중에 4남매가 왕위에 올랐습니다. 그러니까 사실상 모두 백제 왕족이죠.

= 백제 성왕의 공주인 스이코여왕

## 백제의 자취

백제옷(百濟服)

- 옥충추자

- 부상략기 기록

- 정창원

그런데 이 추고여왕이 민달천황하고 결혼을 했습니다. 근친혼을 했어요. 물론 어머니는 달라요. 그걸 본다면 고대의 한반도에서도 왕실에선 근친결혼을 하지 않았겠느냐. 일본 왕실에선 근친결혼을 많이 합니다. 일본역사에서 보면 근친결혼들을 합니다. 다른 지방 세력이 왕실로 들어오지 못하게 하려는 게 가장 큰 목적이라고 하는데, 민달천황과 추고여왕의 결혼으로 볼 때, 백제에서도 근친결혼을 했다는 것을 간접으로 느낄 수 있는 것이 아니겠냐는 것이죠.

이 그림은 추고여왕이 뭘 하는 모습이냐면, 이것은 '옥충주자玉蟲廚子(다마무시노즈시)'라고 하는 불감입니다. 이 문을 열면 조그마한 불상이 있습니다. 이것은 높이가 2m 40cm나 됩니다. 백제에서 만들어 보낸 겁니다. 여기 쇠 장식 밑에다가 비단벌레 날개 2,593매를 깔아서 만들었다고 해요. 비단벌레의 일곱 빛 날개의 아름다운 빛깔이 비칩니다. 말하자면 백제 공예의 아주 뛰어난 대표적인 문화재라고 할 수 있습니다. 옥충추자를 일본말로는 다마무시노즈시라고 하죠. 바로 이 그림입니다. 이걸 열고 불전에 앉아서 부처님한테 나라가 잘 되길 빌고, 백성을 잘 다스리게 해달라고 기원했던 그러한 모습이죠.

이 스이코여왕 시대에서 주목할 만한 것은, 스이코여왕의 첫째 오라버니가 바로 백제에 있던 백제왕실의 위덕왕이죠. 위덕왕이 이때 여동생 스이코에게 불교 문화재를 많이 보내줍니다. 일본 법륭사에 있는 불상으로 대표적 불상인 백제관음상이니 구세관음상이라든지 아주 훌륭한 불상을 많이 보내주는데, 이 옥충추자도 그때 보내준 겁니다.

여기서 상당히 놀라운 사실이 있습니다. 그게 뭐냐면, 일본의 요즘 잘못된 책자를 보면 일본의 아스카 시대에 이 옥충추자를 자기네들이 만들었다, 그런 식으로 허황된 주장을 합니다. 그런데 사실은 일찍이 19세기 말엽부터 일본학자나 미국의 동양사학자들은 이 옥충추자를 백제에서 만들었다고 입증을 했습니다.

미국의 페놀로사(E F Fenollosa 1853~1908년)라고 하는 교수가 옥충주 자는 조선에서 만든 불감이라는 걸 밝혔고, 오카구라 덴신이라고 하 는 동경미술학교 교수였던 문화사가 또한 19세기 말엽에 백제에서 온

- 한민족의 삼신 칠성문화와 용봉문화를 승계한 사실이 고스란히 묘사된 일왕의 곤룡포 앞 면(위)과 뒷면(아래). 앞면 왼쪽 어깨 위에 태양신의 사자 삼족오, 오른쪽에는 달신의 사자 두꺼비를 수놓았고, 뒷면 위에는 북두칠성, 양팔 소매에는 용, 앞뒷면에는 용봉 등 길상 동 물을 수놓았다

양식이 옥충추자의 그림이라고 밝힌 일이 있습니다.

추고여왕은 서기 592년 12월에 왕위에 오르고, 그 이듬해인 593년 1월에 아스카 왕궁 앞에 있는 칠당가람七堂伽藍인 아스카 절터에서 목탑을 세우는 법요식을 갖습니다.

그때 목탑 밑둥이에다 백제에서 보내 온 부처님 사리를 모시는데 이것이 "만조백관이 백제 옷을 입었다"고 한 기록입니다. 백제 옷을 바라보는 사람이 모두 기뻐했다. 그리하여 부처님 사리를 찰주 밑에 잘 모셨다 하는 『부상략기』의 기록입니다.

백제 옷은 그럼 어떤 것이냐. 일본의 복식 학자 세키네 마사나오 교수가 1925년에 지은 책에 이게 나옵니다. 이게 뭐 같습니까? 여성분들 뭐 같아요? 치마죠. 주름치마 아닙니까. 이게 왕실의 기본 복장이라는 거예요. 이건 뭐 같습니까? 버선이죠, 버선. 이것은 말하자면 어대수라고 그러는데 일종의 곤룡포예요. 용을 그렸죠. 백제왕실에서 이걸 입었단 얘기죠. 이것이 정창원이라고 하는 일본 나라 땅 동대사 옆에 있는 일본 왕실 보물창고가 있어요. 여기는 절대 공개를 안 합니다. 거기에 있는 걸 마사나오 교수가 1925년에 그린 거예요. 이분은 그 당시 천황가의 왕족대학(학습원) 교수였기 때문에 정창원에 드나들었다고 합니다.

저는 이 버선을 보자마자 단박에 백제 사람들이 6세기 일본 왕실에서 버선을 신었다 하는 것을 알 수 있었어요. 설명을 보면, 흰 옥양목에다가 아주 예쁘게 보랏빛 수를 놓았다고 했습니다. 이건 주름치마 아닙니까. 스이코여왕이 이 주름치마를 입고 (곤룡포) 윗도리도 입었겠죠.

일본 사람들 '다비'라는 거, 그런 엄지발과 검지발쪽이 갈라진 일본

## 일본 왕실의 복제服制 기록

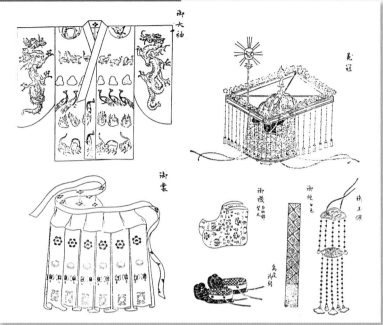

■ 천황의 곤룡포, 면류관, 어상(주름치마), 어멸(버선), 어석, 옥패(세키네 마사나오關根正直 교수의 그림 1925). 일왕실의 학숙인 학습원 교수였던 세키네 마사나오 교수가 일왕실 보물 어고인 정창원에 직접 들어가서, 고대 나라왕실의 천황 곤룡포, 면류관, 어상(주름치마), 어멸(버선), 어석, 옥패를 직접 손으로 그렸다고 한다.

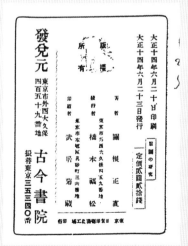

■ 세키네 마사나오 교수가 1925년에 일왕실 보물어고인 나라의 정창원에 직접 들어가서, 고대 나라 일왕실의 천황 곤룡포, 면류관, 어상(주름치마), 어멸(버선), 어석, 옥패를 여러 날 걸려서 직접 손으로 그렸다고 하는 저서『服制의 研究』의 판권

식 버선은 에도시대부터 등장합니다. 게다짝도 사실은 일본 게 아니고, 똑같은 것이 전북 익산의 미륵사 탑을 해체한 데서 나왔어요. 그러니까 일본 선주민 사회는 얼마나 미개한 사회였는지 알 수 있어요. 일본 왕실에서는 이런 치마를 입고 버선을 신었다 이겁니다. 백제복식이 저 것 뿐만은 아니죠. 제가 지난 시간에 잠깐 그림을 보여드린 일이 있죠.

이 그림이 백제의 응신왕인데, 머리에 이게 뭡니까? 여러분들 연세 드신 분들은 이거 이름을 아시죠? 남바위예요. 응신왕이 6세기 말의 분인데, 이게 그분의 초상화예요. 이 남바위 가장자리에는 가죽을 대고 털도 대가지고 만든 방한모예요. 지팡이를 짚고 서 있잖습니까. 이 옷도 역시 백제 옷이 아니냐. 그런 생각이 들어요. 이렇게 전부 나와 있는데 이게 일본겁니까? 그렇지 않아요. 고대에 그린 그림이 전해진 겁니다.

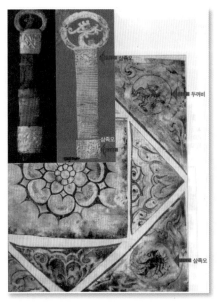

■ 공주 무령왕릉의 환두대도 손잡이의 삼족오와 미국 보스턴박물관의 백제 환두대도 손잡이의 삼족오. 평남 용강 의 고구려고분 쌍영총 천정 그림의 삼 족오(5~6C경).

## 스이코여왕이 머물던 앵정사(풍포사)

= 앵정사(풍포궁)

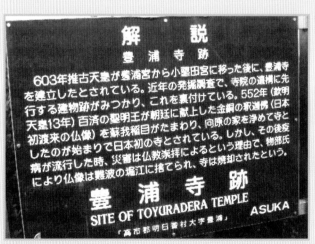

解　説
豊浦寺跡

603年推古天皇が豊浦宮から小墾田宮に移った後に、豊浦寺
を建立したとされている。近年の発掘調査で、寺院の遺構に先
行する建物跡がみつかり、これを裏付けている。552年（欽明
天皇13年）百済の聖明王が朝廷に献上した金銅の釈迦佛（日本
初渡来の仏像）を蘇我稲目がたまわり、向原の家を浄めて寺と
したのが始まりで日本初の寺とされている。しかし、その後疫
病が流行した時、災害は仏教崇拝によるという理由で、物部氏
により仏像は難波の堀江に捨てられ、寺は焼却されたという。

豊浦寺跡
SITE OF TOYURADERA TEMPLE
「高市郡明日香村大字豊浦」　　ASUKA

= 앵정사(풍포사) 터 안내문

『부상략기』기록에도 만조백관이 백제 옷을 입었다고 했습니다. 만조백관이 무엇 때문에 백제 옷을 입었겠습니까? 자기네 옷이 있으면 자기네 옷을 입었겠죠. 그런데 백제로부터 복식을 만드는 여성이 건너가는 기록들이 또 응신왕 시대에 나와요. 응신왕이 6세기 말에서 7세기 초까지 왕위에 있었는데, 옷을 짓는 여성이 백제로부터 건너왔다는 일본역사의 기록도 나옵니다. 왜 옷을 짓는 여성이 건너갔을까요? 벌거벗고 살던 사회였기 때문에 그랬겠죠. 그래서 왕실에서는 백제식 베틀도 가져가게 되는 겁니다. 베틀이 5세기경에 건너갔다는 걸 제가 지난 시간에 말씀드렸습니다. 이와 같은 발자취를 보면 종으로 횡으로 백제의 역사를 뚜렷이 볼 수 있습니다.

이것이 앵정사櫻井寺 터전입니다. 앵정궁櫻井宮 터전이라고도 합니다. 한때는 불교사찰이기도 했고 왕궁터전이기도 했는데, 아스카의 사찰터에서 불과 4~5백 미터 거리밖에 안 됩니다. 사쿠라이노구, 즉 앵정궁이라고도 하고 앵정사터라고도 합니다. 지금은 소가 가문의 후손이 살아요. 스이코여왕 시대 대신의 후손이 살고 있는데 앵정궁, 앵정사터라고 합니다.

앵정사, 사쿠라이노데라는 본래 고대 백제와 고구려 고승들을 가장 많이 아스카 왕실로 모셔왔던 스이코여왕이 황후 시절에 머물던 사저私邸였습니다. 재미있는 것은, 스이코여왕이 이곳에 살면서, 모국 백제에 건너가서 3년 만에 학문승으로 수계받고 서기 590년에 아스카로 돌아온 일본 최초의 여승 젠신노아마善信尼 등 3명의 여승을 맞아 앵정사에

▪ 백제관음불상의 모습을 담은 우표

입주시켰다고 『부상략기扶桑略記』에 기록되어 있습니다.

참 이러한 지역들을 쭉 둘러보면 정말 감동적이지 않을 수 없습니다. 우리가 이러한 역사의 발자취들을 살핀다는 건 상당히 중요한 일입니다.

여기는 법륭사(호류지)의 금당金堂입니다. 백제관음상을 모신 곳이라 하여 백제관음당이라고도 하는데요, 이 불상을 백제의 위덕왕이 보냈다고 하는 기록이 나와 있는 법륭사의 옛날 문헌입니다.

이게 백제관음불상의 모습을 담은 우표입니다. 불상의 높이가 2m 80cm입니다. 녹나무로 만들었습니다.

이 불상이 백제 위덕왕 때 건너갔는데, 요즘은 이 사람들이 법륭사에서 자기네가 만들었다고 팜플렛을 만들어 돌리고 있어요. 조금 전에 나온 것이 제가 찾아 놓은 법륭사 그 문헌이네요. 그러한 것들을 앞

■ 호류지 금당(백제관음당)

- 백제 위덕왕이 아비지인 성왕의 얼굴을 본떠 만들었냐고 전한다.

■ 성덕태자 초상화

■ 백제 아좌태자가 성덕태자 초상화를
  직접 그렸다고 하는 법륭사의 고대
  문서

으로 어떻게 바로잡느냐는 게 관건인데요. 우리 국민들이 일본 속의 백제사를 많이 공부해야 합니다. 그리고 그걸 또 전하고 말이죠.

이것은 성덕태자의 어린 시절의 모습이에요. 성덕태자가 누구냐 하면, 성덕태자는 민달천황의 배다른 동생인 용명천황의 둘째 아들입니다. 추고여왕이 등극을 했는데 태자가 없어요. 그래서 용명의 아들을 데려다가 태자로 삼았습니다. 그 아들이 바로 성덕태자입니다. 여러분, 성덕태자는 많이 들어보셨죠? 쇼토쿠태자라고요. 추고여왕은 성덕태자의 고모입니다.

그런데 성덕태자의 모습이 백제 성왕의 얼굴 용모와 같다고 하는 것이 일본 고대 불교 기록에 나와요. 법륭사 고문서들인데요, 제가 그걸 찾아내서 밝혔습니다. 법륭사를 중심으로 한 일본 고대 불교의 발달에 대한 문헌입니다. 벌써 30여년 전에 그 문서들을 전부 찾아내가지고 복사를 해서 가지고 있어요. 아직도 제가 밝혀야할 게 많이 있습니다.

바로 이 모습입니다. 이것이 구세관음상입니다. 이 모습이 성왕의 모습이라는 거죠. 그리고 이것이 성덕태자의 모습입니다. 불교 환생설입니다. 백제 성왕, 즉 흠명천황이 돌아가신 뒤에 성덕태자로 태어났다 그런 얘기죠. 백제관음이나 구세관음이나 이런 불상에 관한 건 제가 특별히 시간을 마련해서 구체적으로 여러분에게 좀 설명해드릴까 합니다. 사실 할 얘기가 너무 많습니다.

이것이 구세관음상을 모신 팔각전당입니다. 이것은 몽전 앞 들어가는 입구에서 찍은 기념사진입니다. 꿈 몽 자를 써서 몽전夢殿입니다. 여기에 대해서는 참 놀라운 이야기가 많습니다. 미국의 동양사학자 페놀로사(E F Fenollosa 1853~1908년)교수가 이 안에서 구세관음상을 발견하게 되는데요. 천으로 완전히 감싸있는 상태였습니다. 먼지가 잔뜩 쌓인 천을 풀어보니까 총 길이가 500야드나 됐답니다. 1야드가 91.44cm니까 약 460m 정도 되는 엄청난 양이죠. 그렇게 많은 천으로 잘 감싸놓은 걸 풀었더니 구세관음상이 나왔습니다. 그런데 불상을 건드리면 불벌을 받는다고 해서 스님들이 건드리지 않았다는 거예요. 19세기 말에 미국학자가 건너와서 그걸 열어 헤친 거예요. 먼지가 그냥 연기가 막 피어나듯 끓어오르면서 불상이 나왔는데, 이 불상을 보고 페놀로사 교수는 "호류사에 있는 옥충주자와 몽전관음은 조선(백제)에서 건너 온 위대한 두 걸작품이다"라고 했어요.

여기는 오우미近江 땅에 있는 천지천황의 사당 정전正殿입니다. 이 안에서 지난 7월 26일날 한국 문인들 35명이 시낭송을 했습니다.

천지천황은 이 오우미 땅에 숭복사崇福寺라는 사찰을 세웁니다. 이것은 천지천황이 불교를 펼치는 데도 열을 올렸다는 건데요, 백제계열의 일본 왕들 모두가 불교를 바탕으로 일본의 백성들을 거느렸다는 걸 보여주는 것입니다. 종교적 파워라는 게 상당히 중요한 거 아닙니까? 불교적인 것, 종교를 통해서 일본을 지배했었고, 또 한 가지는 왕실에서 한반도의 천신天神 신앙을 바탕으로 한 신교神敎가 승화했다는 겁니다. 일본에서는 신불습합神佛習合이라고 해서 신도神道와 불교를 함께 모셔왔습니다.

다음에 또 여러 가지를 말씀드릴 기회가 있겠는데요, 어쨌든 이러한 여러 가지 모습들을 통해 백제가 얼마나 훌륭한 문화를 가지고 있는 강력한 국가였느냐, 또 일본을 어떻게 지배했느냐 하는 것을 조금이라도 이해하셨다면 기쁘겠습니다. 감사합니다. 🟦

# 5강

## 「나라」奈良는 한국어의 「국가」

여러분, 안녕하십니까. 일본 속의 백제, 다섯 번째 강의를 시작하겠습니다.

일본에 가면 나라현奈良縣에 나라시奈良市라고 있습니다. 한국어로 우리나라라고 할 때 '나라'입니다. 奈良을 우리말로 읽을 때는 나량 또는 내량으로 읽습니다. 어찌 내자입니다. 일본말로 할 때는 나라라고 읽습니다. 금년(2012)은 일본이 나라 땅에다가 왕도를 삼은 지 1,300년이 되는 해입니다.

1,300년 세월의 나라. 1900년에 일본의 저명한 역사지리학자 요시다 토고 박사는 나라에 대해 "나라奈良라는 지명은 본래 고대에 이 고장에 와서 이 터전을 점령하고 살던 한지 출신, 한국 출신 사람들이 지은 이름이다"라고 주장했습니다.

그런가 하면 마쓰오카 시즈오 교수도 1937년에 '나라'는 한국어라고, 한글로 '나라'라고 썼습니다. 즉, '나라'라는 말은 한국어의 '국가'다. 이 지역을 점령하고 살던 사람들이 지은 이름이다 그 얘깁니다. 이분뿐이 아닙니다. 여러 일본 학자들이 나라에 대해 밝히고 있습니다. 이것은 1933년에 오쓰키 후미히코 교수가 쓴, 『언해』라고 하는 큰 일본어 사전에 나오는 말입니다. 이와 같이 일본 땅 나라는 한국어의 국가를 뜻합니다. 말하자면 한국인들의 터전이다, 그런 얘기입니다.

조금 전에 말씀드렸듯이 금년은 나라가 천도한지 1,300년이 되는 해입니다. 나라경奈良京을 평성경平城京이라고 씁니다. 오늘날은 이걸 헤이죠쿄ならきょう라고 읽어요. 그러나 사실은 나라라고 읽었다는 기록이 역사학자들의 저서에 다 들어있습니다. 일본군국주의 하에서 나라경이라는 말이 헤이죠쿄라고 바뀌었습니다. 사실은 나라쿄였던 겁니다.

그러니까 우리말 '나라'와 이 '나라奈良'가 똑같습니다. 이두식이죠. 일본에서는 이두를 마요가나라고 해요, 만엽가나万葉仮名まんようがな. 물론 왕인이나 아직기, 이분들이 6세기 말경부터 시작한 겁니다.

일제하 1920년대에 서울의 경성제국대학에 와 있던 조선어학 교수 오구라 신페이小倉進平 교수가 한국의 향가를 연구하여 『향가 및 이두

= 나라 지명 문헌 고증

의 연구』(鄕歌及び吏讀の研究)라는 책을 냅니다. 이 책에서 향가에 대해 쭉 얘기를 하면서 "일본의 만엽가나는 향가의 영향을 받았다"고, 그렇게 한 줄을 밝히고 있습니다. 이성적인 일본학자들의 글을 보면 바르게 아는 사람은 한 마디씩은 꼭 씁니다. 많이 쓰지는 않아도 아주 중요한 대목에 가서 딱 밝히고 있습니다. 그러한 밝힘은 매우 중요하다고 봅니다. 우리나라 학자 중에는 일본의 '나라'가 한국어의 '나라'라고 해도 믿지 않는 사람이 많을 겁니다. 그러나 일본의 권위있는 학자들은 다 한국어의 '나라'라고 밝혔던 것입니다. 바로 그 나라 땅, 일본 나라현의 나라 땅. 그 터전이 바로 고대 백제인들의 터전이라는 걸 우리는 확인할 수 있습니다.

그 나라경이 금년에 천도 1,300년인데, 나라에 가면 또 어떤 중요한 곳이 있느냐. 지금 여기 보시겠지만 일본말로는 도다이지라고 하는데요, 동대사라고 하는 큰 사찰이 있습니다.

여기 사람들이 보이나요? 조그맣게 보이죠? 그러니 이 건물이 얼마나 큰 겁니까. 일본의 사찰 건물로는 세 번째로 크다고 합니다. 이 안에 비로자나대불이라고 하는 높이 16m가 넘는 커다란 불상이 있습니다. 이 불상을 누가 만들었느냐? 서기 745년 무렵에 백제인 국마려國麻呂라는 조불경造佛卿이 만들었다고 해요. 국마려는 조불사造佛師로서 그 당시 조불책임 고관입니다. 좀 더 자세히 말하면, 백제가 망했을 때 백제에서 건너온 국골부國骨富라는 백제의 장관(덕솔)이 있었습니다. 이 국골부의 손자가 바로 국마려인데, 이분을 불상을 만드는 장관, 즉 조불경이라고 했습니다. 동대사의 고대문헌인 『동대사요록東大寺要錄』에 그 기록이 나와 있습니다.

해마다 7월에는 불상을 청소하는데, 대불전의 천장에 밧줄들을 여기 저기 묶고 깔개도 매달아서 250여명이 매달려서 닦습니다. 아주 장관이죠. 그때는 일본 각지에서 많은 구경꾼들이 옵니다.

물론 지금의 불상의 모습은 그동안 동대사에 난리 때문에 불이 난 일도 있고, 상처를 많이 입어서 부분 부분을 다시 주조한 겁니다. 전체적으로 볼 때는 많은 부분들이 다시 만들어졌지만 그 원형자체는 국마려가 만든 겁니다. 이분을 국공마려國公麻呂라고도 합니다.

이와 같은 문헌의 고증을 통해서 고대 백제인들이 일본에 불교를 전하고, 또한 저런 훌륭한 터전을 만들었다는 사실을 우리는 잊어져서는 안 됩니다. 참으로 놀라운 사실들이죠.

나라라는 말은 한국어의 국가다. 제가 책에도 썼습니다. 여러분들께도 자세한 내용들은 일본 속의 백제 책들을 통해서 살필 수 있습니다. 이와 같이 문헌들을 제가 여기다 넣어놨습니다.

나라는 일본의 오사카나 교토 쪽에서 전철을 타고 가시면 됩니다. 보통전철, 급행전철들이 있습니다. 일본은 급행전철의 경우 요금이 일반전철하고 똑같습니다. 급행전철을 오사카에서 타고 가면 한 시간 정도 걸립니다.

오사카에서 나라로 가는 전철로는 JR전철과 긴테쓰라고 해서 사철인 근철近鐵이라는 전철이 있습니다. 동대사는 언덕 위에 있습니다. 전철역에서 약 10여분 정도 걸어가면 있습니다. 물론 버스도 그쪽으로 가는 것이 있습니다만, 어쨌든 나라에 가시면 꼭 동대사에 한번 가보시길 권유드립니다.

사실은 나라 땅에 동대사를 만들게 된 발자취가 더욱 우리를 감동

## 일본 화엄종의 총본산, 동대사東大寺

■ 백제인 조불사가 만든 비로자나대불

■ 신라·고구려·백제인들이 손모아 창건한, 세계 최대의 금동불상을 모신 도다이지 대불전의 웅장한 모습. 법당 앞 사람들이 보이지 않을 만큼 거대하다.

■ 도다이지 대불전의 입구

■ 세계문화유산 기념석

■ 도다이지의 산문. '대화엄사大華嚴寺'라는 편액이 걸려 있다.

시킵니다. 동대사를 만들게 된 동기는, 처음에 행기行基라고 하는 백제인 스님이 있었습니다. 행기스님은 일본 최초의 대승정입니다. 행기는 일본말로 교키라고 하는데, 일본에는 이 스님에 대한 논문이 수백 편이 있습니다. 이분에 대해서는 제가 언제 특별히 한번 강의를 할 날이 올 겁니다. 할 얘기가 너무도 많습니다.

행기스님은 살아있는 보살이라고 불렀습니다. 동대사가 완성되던 때 일본왕실에서는 쇼무천황이 행기스님 앞에서 머리를 깎고 출가를 합니다. 중이 된 것이죠. 그리고 따님에게 왕위를 계승시킵니다. 행기는 그만큼 훌륭한 백제인 큰스님입니다. 이분이 백제인이라는 사실은 일본의 여러 고대문헌에 기록이 있습니다.

그리고 양변良弁이라는 스님이 있습니다. 물론 이분도 백제인입니다. 료벤이라고 하죠. 이분은 출신지가 일본입니다. 지난 시간에 근강近江의 백제인 지역에 대해 말씀드렸죠? 천지천황이 왕도를 옮긴 고장입니다. 양변스님은 이 근강에서 태어났습니다. 역시 백제인이라는 기

– 양변스님(좌)과 행기스님(우)의 목조상

록이 일본 문헌에 나오고 있습니다.

　서기 740년을 전후한 시기에 이 양변스님이 지금의 동대사가 있는 지역의 춘일산으로 왔어요. 가스가야마라고 하는데, 그곳에 춘일신사라고 하는 백제인 사당이 있습니다. 양변이 그 터전에서 처음에는 조그마한 암자를 만들어 놓고 불도를 닦았습니다. 그 무렵에 심상審祥이라고 하는 학승이 신라에서 건너옵니다. 심상은 워낙 불경에 해박한 학자였습니다. 이분이 의상대사의 제자였다는 것을 일본학자들이 밝히고 있습니다. 이 심상이 건너와서 대안사라고 하는 사찰에 머물러 있었습니다. 그때 양변이 이분에게 불경에 대한 학문을 펼쳐달라고 하면서 자기 암자로 모셔옵니다. 그러고서 3년 동안 강설을 시켜요. 그 결과 심상의 불경에 대한 학문이 많은 일본 선주민과 그 고장에 사는 백제인들에게 영향을 끼치게 됩니다. 그때 쇼무천황이 행기스님에게 훌륭한 사찰을 하나 지어달라고 부탁을 합니다. 그렇게 해서 행기스

■ 동대사에서 저자와 한국 역사학자 일동 (2008.9)

님이 동대사를 짓는 작업을 시작합니다.

행기와 양변과 심상, 이 세분은 『동대사요록』이라고 하는 고문헌에 보면 성인聖人으로 기록되어 있습니다. 말하자면 이 동대사를 이루기 위해서 한반도 출신의 고승들, 물론 행기나 양변은 일본에서 태어난 분이고 심상은 신라에서 건너온 분입니다만, 이와 같이 고대 한국인들에 의해서 저 훌륭한 사찰이 세워진 겁니다. 이렇게 동대사 같이 큰 사찰이 생김으로써 일본에서는 불교가 더욱 크게 번창하게 되는데, 동대사에 모신 불상 명칭이 바로 비로자나대불입니다.

양변스님에 대한 또다른 일화가 있습니다. 백제인들이 살던 오우미, 근강지역에서 아버지와 어머니가 농사를 지으며 살았습니다. 어느 날, 어린 아기를 나무그늘에 눕혀 놓고 밭에서 일을 하고 있는데 그만 독수리가 아기를 채어가 버렸습니다. 독수리가 아기를 채어다가 춘일산 기슭에다 내려놓았답니다. 그 당시에 또 한 분의 백제인 스님이 그곳에 와서 수도를 하고 계셨는데, 바로 그 스님에게 보내서 거기서 성장하면서 장차 승려의 길을 걷게 됐다고 하는 일화가 유명합니다. 물론 그것은 어디까지나 역사를 배경으로 하는 얘기인데, 이분이 워낙 훌륭하기 때문에 그런 일화가 생긴 것이 아닌지 생각합니다. 어쨌든 이분이 동대사 터전을 닦고, 행기스님을 모셔 오고, 또 심상대덕을 모셔 와서 함께 힘을 합해서 동대사를 만들게 됩니다.

여기 사진을 보시죠. 이건 동대사 대불전 앞에 있는 등입니다. 여기는 대불전으로 들어가는 길이고, 여기는 이월당참예도二月堂參詣道인데요. 이월당 옆으로 가면 신라학승 심상대덕이 강설을 하던 터전이 있습니다.

동대사 창건 시기에 대한 확실한 연대는 안 나옵니다만, 서기 749년에 대불이 주조되었다는 기록은 있습니다. 751년경에서 752년, 이 무렵에 동대사가 개창이 되었다고 하는 그러한 기록들이 나오고 있습니다.

우리는 이러한 나라 터전을 통해서 고대 백제인들의 눈부신 발자취를 살펴 볼 수 있습니다. 거기에는 또한 신라인 학승도 등장합니다. 지금의 대불전 건물은 물론 불이 몇 번 나서 다시 지은 겁니다만, 저 원형을 건축한 사람이 신라계통의 이나베 가문의 건축가라는 연구론이 있습니다. 동대사는 우리 한민족과 여러모로 의미가 깊은 그러한 터전입니다.

그런데 지금 여러분들이 동대사에 가시면 그곳에서 발행한 인쇄된 책자에는 행기스님이니 양변스님이니 심상대덕이니 이런 분들에 대한 것은 전혀 밝히고 있지 않습니다. 오직 동대사에서 보관하고 있는 고

■ 이월당

대문헌에만 그 기록이 있습니다. 그래서 참으로 안타깝습니다.

동대사에 한국인들도 굉장히 많이 오시더군요. 물론 제일동포도 계시겠지만 우리나라에서 나라를 구경하려고 가시는 관광객이 많이 있습니다. 서양 사람들도 많이 있습니다. 그런데 이 동대사가 행기스님과 양변스님, 심상대덕 이러한 한국계의 고승들이 힘을 합쳐서 만든 사찰이라는 사실을 그분들은 모르고 계셔서 안타까웠습니다. 여러분들은 이제 저러한 바탕을 아시니까 동대사에 가시면 가슴이 뿌듯하실 겁니다.

우리는 이러한 터전을 통해서 우리민족이 얼마나 눈부시게 일본의 불교발전을 이루었는지, 또 고대 백제인들이 여러 정사를 치루면서 참으로 훌륭한 터전을 닦았다는 사실을 직접 확인할 수 있습니다.

일본왕실이 백제인이라는 것은 제가 여러 번 말씀을 드렸습니다.

신라 학승 심상대덕에 대해서는 일본의 여러 고대문헌에는 신라학승이라는 기록이 나옵니다. 이분에 대해 연구를 한 일본의 불교학자가 있습니다. 큐슈대학에서 은퇴한 다무라 엔쵸田村圓澄라는 사람입니다. 이 사람은 자신의 저서 『고대 조선과 일본불교(古代朝鮮佛教と日本佛教)』에서 "신라 학승 심상대덕은 일본사람이다"라고 했습니다. 바로 이 책인데, 여기에 심상대덕이 일본의 승려라고 잘못 쓰고 있습니다. 한국불교가 일본에 포교되는 훌륭한 발자취를 밝히면서 또 이러한 잘못도 저지르고 있습니다. 이런 한마디의 역사왜곡이 정말 가슴아프게 합니다. 고구려, 신라, 백제, 특히 백제불교가 최초로 건너가 일본에 불교가 이루어졌다는 것을 밝히면서도 우리나라 사람을 일본사람으로 오도시키고 있는 것입니다. 이런 책들은 일본 서점에서 많이 파는

■ 구다라노(백제 들판)의 백제사 삼중탑(왼쪽), 백제간이우편국 간판이 보이는 정문.

■ 유유히 흐르는 백제강(구다라강) 물줄기

데, 이 내용을 일본사람들이 보면 '아~ 심상대덕은 일본승이구나' 이렇게 알게 되죠. 그래서 저는 '이런 잘못을 바로 잡는 일을 하지 않으면 안 되겠다' 하는 생각을 하고 있습니다.

우리는 동대사를 통해서 고대 백제 불교가 서기 538년에 건너가서 745년에 저 대불이 만들어지는 시기까지, 그러니까 약 200여 년 동안에 일본에 뿌리를 내린 우리의 불교가 얼마나 번창했는가를 살필 수 있습니다.

이밖에도 상당히 재미있는 발자취들이 많이 있습니다. 저는 나라라는 지역에서 고대 한국인들이 이룬 여러 발자취들을 살피면서 공부한다는 것은 참으로 중요한 의미가 있다고 생각합니다. 특히 나라 땅을 왕도로 만든 당시의 인물은 백제계열의 원명천황입니다. 겐메이라고 하죠. 이분이 누구의 딸이냐면요, 천지천황의 딸입니다. 천지천황이 누굽니까? 백제가 망했을 때 2만7천여 명의 군사를 백제에 보낸 왕입니다. 바로 그 분의 따님입니다. 이 원명천황이 나라경을 만들었습니다. 한자로는 평성平城이라고 썼죠.

천지천황에 대해서는 지난번에 말씀드렸죠? 천지천황은 서명천황의 아드님입니다. 서명천황은 백제궁을 짓고 살았던 분이죠. 또 백제대정궁을 지은 민달천황의 손자라고도 했습니다.

『신찬성씨록』에서 천지천황을 백제 왕족이라고 한 것은 틀림이 없다고 우에다 마사아키 박사가 밝히기도 했습니다. 이러한 맥락입니다. 민달천황의 아들이 서명천황이고, 손자가 천지천황이고, 천지천황의 따님이 원명천황입니다. 그러니까 이러한 발자취 속에서 나라 터전이 이루어진 것인데, 결국 백제인의 왕실을 명확하게 밝혀주는 역사의 발자취들입니다.

그리고 나라에 대해서 말한 또 다른 학자로서 독일의 동방학자 데칼드 안드레아스라는 분이 있습니다. 이분이 1929년에 낸 『The history of Korean art』, 즉 『한국 예술의 역사』라는 서적에서 "'나라' 자체가 한국어이다"라고 했습니다. 영어로 나온 책을 보면 "Nara itself is a Korean words"라고 해서 '나라奈良'라는 말이 한국어라는 것을 밝혔습니다.

또 재미있는 에피소드가 있는데, 일본에는 '나라'라는 성씨가 있습니다. 지금도 나라씨가 많이 있습니다. 일본의 성명연구서를 보면 수천 명이 있다고 합니다. 작년에 제가 일본 나라현의 지사를 만난 일이 있습니다. 그런데 나라현에 근무하는 과장이 나라씨입니다. 물론 남편의 성을 따랐지만 말이죠. 저하고 만났을 때 그런 얘기를 하더라고요. "사실은 이 나라씨가 임진왜란을 일으킨 풍신수길의 시대에 박해를 많이 받았다고 합니다. 나라씨들이 나라 땅에 살다가 그때 풍비박산이 돼서 전국으로 흩어졌다고 하는 것을 나라국립문화재연구소의 교수한테 들었습니다"라고, 그 여성 과장분이 그런 얘기를 해주더라고요. 일본에는 나라씨뿐만이 아니라 나라라는 글자가 붙은 이름이 많이 있습니다. 나라오카씨, 나라사도씨, 나라베씨, 나라하라씨, 나라하시씨 등 나라라는 글자가 들어있는 이름이 많습니다.

그런가 하면 일본에는 또 백제씨도 있습니다. 큐슈에 있는 일본학자 (田中久弘)가 저에게, "큐슈의 후쿠오카라는 곳에 이사를 가서 살고 있는데, 그 마을에 보니까 백제씨가 많더라" 하면서, 나보고 후쿠오카에 오면 백제씨들을 소개해주겠다고 했습니다.

일본에는 이렇게 나라씨도 있고, 백제씨도 있습니다. 우리가 일본의 성씨들을 좀 눈여겨 볼 필요도 있지 않느냐 그런 생각도 하게 됩니다.

그리고 여기서 한 가지 말씀드린다면, 일본 역사에서 사실은 연대가 정확하지 않은 경우가 많습니다. 서기 600년대 이후가 되면 좀 정확해지지만 그 이전은요, 연대가 정확하지 않습니다. 일본의 역사왜곡은 연대를 가지고 했습니다. 그래서 60갑자를 두 배로 올려서 120년을 끌어올리기도 하고, 240년을 올린 경우도 있고, 심지어 600년을 올린 경우도 있습니다. 그래서 일본 고대사는 712년에 『고사기』가 나오고, 720년에 『일본서기』가 나왔다고 하지만, 제가 지난번에 말씀드렸듯이 일본의 국수주의자들이 역사를 왜곡했습니다. 그래서 '일본은 2,600년이 된 나라다'라고 조작을 했어요. 일본의 역사가 한국보다 600년 이상 앞서게 조작을 한 겁니다. 그런데 이것은 제가 주장하는 것이 아닙니다. 일본의 저명한 역사학자들이 그동안 규명한 사실들이 있습니다. 제가 말씀드린 연대가 어떤 경우에는 5세기인 것이 6세기인 것도 있고, 7세기인 것도 있습니다. 그런 것은 여러분이 이해해주셔야겠습니다.

일본의 역사에서, 초대 왕이라는 신무神武로부터 9대 개화開化라는 천황까지 조작된 것이라고 일본학자들이 이미 일제하부터 많은 논문을 통해 밝혔습니다. 『일본서기』를 보면 신무로부터 시작해서 9대까지 쭉 왕들이 등장하는데, 사실은 이 왕들이 조작된 것이라는 걸 여러분들이 아시면 좋을 것 같습니다. 그래서 『일본서기』라는 역사책을 보시더라도 초대부터 9대까지는 믿지 않으셔야 돼요. 조작이다 보니 이 왕들의 시대에 대한 기록이 별로 없습니다. 행적이 적혀 있는 게 없습니다. 일본학자들 중에서 양심있는 학자들이 많은 것을 밝혀놨습니다.

그러고서 10대부터 일본의 왕이 등장했다고 하는데, 10대가 숭신崇神이라는 사람이고 11대가 수인垂仁입니다. 그런데 숭신은, 일본학자들의 연구도 그렇고 이 사람이 가야 사람이라는 말이 있어요. 제가 연구해본 바로는 신라 사람으로 보고 있어요.

그런데 수인 때에 무슨 일이 있냐면, 신라로부터 천일창天日槍 왕자가 건너갑니다. 일본 말로는 아메노히보코あめのひぼこ라고 하는데요, 일본 역사책 『고사기』와 『일본서기』에 나옵니다. 『일본서기』에는 "스이닌垂仁천황 3년 3월 신라로부터 천일창 왕자가 여러 가지 옥과 검과 거울과 '곰의 신리熊神籬(구마노 히모로기·くまのひもろぎ) 등 모두 일곱 가지 물건을 가지고 왜섬으로 건너왔다"라는 기록이 있습니다. 천일창 왕자가 신라에서 가져온 '곰의 신리'라는 것이 뭐냐면, '신리'는 대나무로 만든 신단(신령을 제사 지내는 제단)을 말합니다. 이것은 단군의 어머니인 웅녀신熊女神을 모신 신단이 아닌가 해요. 신라 왕실에서 제사를

- 일본 역대 왕 그림. 초대 신무천황(앞줄 가운데, 부채 든 인물)이라고 하는 허위의 왕 등 9명을 비롯하여 제33대 추고여왕(백제성왕의 공주. 좌측 꼭대기 끝자리)까지이다.

모시던 신들 중에는 단군의 어머니 웅녀신도 들어 있었다고 추찰推察하고 싶습니다.

에도시대인 18세기 고증학자 도테이칸藤貞幹은 역사 고증저서인『쇼코하쓰衝口發』에서 "신리(히모로기)는 후세의 신사神社이다. 무릇 신리는 그분의 몸으로 삼아 제사드리는 분을 모시는 물건이다. 신리를 히모로기比毛呂岐라고도 새겨서 읽는 것은 본래 신라의 말新羅語이며, 그 신라어를 그 당시 빌려 쓰게 된 것이다. 천일창이 가지고 온 곰의 신리도 천일창이 조상님을 신주로 모신 것임을 알아둘 일이다"라고 신라의 신앙 체계를 밝혔습니다.

도테이칸의 지적에서 특기할 점은 천일창 왕자가 일본으로 건너오기 전까지 일본에서는 조상신 제사를 모시는 사당인 신사나 신궁이 존재하지 않았다는 사실입니다. 천일창 왕자가 건너와서 이 터전에다가 신라에서 모셔 온 웅녀신, 즉 단군의 어머니의 신단, 일본 말로 '구

■ 천일창의 사당 이즈시신사(出石神社)

마노히모로기くまのひもろぎ'를 신사라는 명칭의 사당을 만들어서 모셔 놓고 천신제사를 지내게 합니다. 그러니까 일본의 사당인 신사의 바탕은 천일창 왕자의 곰의 신단인 것이죠. 천손 민족인 한민족의 조상인 단군왕검을 섬기는 신앙의 발자취를 천일창의 곰의 신리를 통해 비로소 확인할 수 있는 것입니다. 곰의 신리야말로 일본 천황가 신상제(매년 11월 23일 밤에 제사를 거행함)의 한신韓神(백제신)·원신園神(曾富理神, 신라신) 신전神殿의 원형인 것이죠. 이러한 것은 앞으로 더욱 깊이 연구해야 할 상당히 중대한 연구대상입니다.

그 뒤로 오면서 응신천황의 시대, 즉 백제 곤지왕자의 시대가 6세기 내지 7세기인데, 이 시대는 문헌에 의한 연대가 안 나오기 때문에 연대를 확실히 찍진 못합니다. 그러나 6세기에서 7세기경까지를 응신, 백제 곤지왕자의 시대로 보면 거의 틀림없을 겁니다. 『일본서기』는 터무니없이 4~5세기로 쓰고 있습니다.

일본의 역사왜곡이 또 어떻게 되어있냐면 백제의 무령왕에 대해 엄청난 왜곡을 하고 있습니다. 언젠가 상세한 강의를 하겠습니다만 일본 역사에서는 이렇게 큰 왜곡이 있다는 사실을 여러분들이 조금 아시고 제 강의를 들으시면 좋을 것 같습니다.


이번에는 칠지도七支刀에 대해 말씀드리겠습니다.

이 칠지도야말로 백제를 바탕으로 하는 훌륭한 문화의 발자취를 살필 수 있는 중요한 유물입니다. 칠지도는 백제의 제 13대 근초고왕이 일본에 있는 왜왕에게 하사한 칼입니다. 이 그림은 150년이 된 그림인데요, 칠지도 실물크기입니다.

▪ 환웅천황의 초상

■ 웅신신사 입구

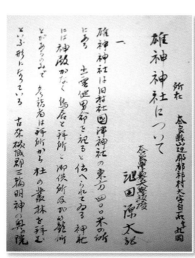

■ 나라 교수의 문서

■ 웅신신사가 있는 신라(白石)마을 표지판

일본 나라현 텐리시天理市에 석상신궁石上神宮(이소노카미신궁)이 있는데, 그곳에 칠지도가 보존되어 있습니다. 이것이 옛날 석상신궁의 모습입니다. 이게 본전이죠. 그리고 이 건물이 칠지도가 모셔져 있던 창고입니다. 이 뒤는 신궁 터인데, 저기에서 여러 가지 많은 문화재들이 발굴되기도 했습니다. 바로 이 터전이죠. 백제 칠지도도 이 땅에서 나온 겁니다. 서기 369년이면 언제입니까? 약 1,650년 넘었지 않습니까? 이것은 칠지도를 발굴할 때 나온 방패입니다.

칠지도는 길이가 74.9cm이고 중심 칼날까지 합쳐 모두 일곱 갈래인데, 칼날이 좌우 3개씩 엇갈려 펼쳐져 있어요. 저도 예전에 한번 본적이 있습니다. 여기 토막이 나 있습니다만, 여기 앞면과 뒷면에 글자들이 쭉 새겨져 있습니다. 이 크기를 한번 보시죠.

그리고 칠지도도 일본에서 왜곡을 다반사로 한 겁니다. 백제왕이 갖다 바쳤다 하는 것이 『일본서기』의 잘못된 기록이죠. 백제왕이 갖다 바칠 일이 없죠.

우에다 마사키 박사가 이 칠지도에 대해 논문을 써서 규명을 했습니다. 우에다 박사는 논문에서 "백제에서 헌상했다고 하는 것은 잘못된 것이다. 백제의 후왕인 식민지 왕이 일본에 있었고, 그 후왕에게 내려준, 하사한 것이다"라는 뜻이라고 밝혔습니다. 칠지도는 윗사람이 아랫사람에게 내려 준 것이다, 즉 백제의 왕이 식민지 왕인 일본의 후왕에게 보내준 것이라는 말이죠. 우에다 박사가 '백제왕이 왜왕에게 하사한 것이다'라고 밝히자 일본의 극우세력이 박사 댁에 기습을 해서 과자상자를 내밀었다고 지난 시간에 말씀드린 적이 있습니다. 우에다 박사의 연구론은 이것 말고도 논문이 두 가지가 더 있습니다. 여러분에게 간단히 말씀드리는 것입니다.

그러면 칠지도에 새겨진 명문을 함께 볼까요. 이게 잘 보이지는 않는데, 칼의 앞면을 크게 확대해서 찍은 사진들입니다.

(앞면) 泰和四年五月十六日丙午正陽造百練鋼七支刀以辟百兵宜供
供侯王□□□□作
(뒷면) 先世以來未有此刀百滋王世子奇生聖音故爲倭王旨造傳示後
世

여기에 기록들을 보면 한자어로 물론 되어 있죠.

'태화사년오월십육일병오정양조백련강칠지도이벽백병의공공후
왕 □□□□작'

이 명문을 제가 번역한 일이 있습니다. 태화 4년, 서기 369년입니다. 음력 5월 16일 병오날 대낮에 무수히 거듭 담금질한 강철로 칠지도를 만들었노라. 모든 군사를 물리칠 수 있도록 후왕에게 보내주노라. 그리고 '□□□□작'이라고 되어있어요.

여기서 상당히 조심스러운 게 있습니다. 저 칼의 글자를 파버린 자국이 있어요. '□□□□작' 이렇게 되어있습니다.

우에다 마사키 박사는 논문에 "일부러 파버린 것이다"라고 썼어요. 석상신궁에서 처음에 궁사로 왔던 사람이 파버린 것입니다.

그리고 칠지도 뒷면에는 "선대 이래로 전혀 볼 수 없었던 이 칼을 백제왕 및 귀수 세자는 성스러운 말씀으로 왜왕을 위해 만들어주는 것이므로 후세에까지 잘 전해서 보존토록 하라"는 명문이 새겨져있습니다. 백제 근초고왕과 귀수세자(근구수왕)가 왜왕에게 칠지도를 하사하면서 '적군을 잘 무찔러라. 그렇게 해서 왜를 잘 보전할 뿐 아니라 후대에까지 전승시키면서 번창케 하라'고 어명을 내린 것입니다.

그 당시 일본의 왕을 백제의 식민지 왕으로 삼았던 발자취를 살필수 있습니다. 저 칼의 금석문은 황금으로 상감이 되었습니다. 글씨를 새겨서 금칠을 한 것이죠. 어쨌든 이 칼을 처음에 발견한 사람이 저 네글자를 파버렸다는 걸 우에다 박사가 지적을 했습니다. 당시에 저는 크게 감동을 받으면서 한편 괘씸한 생각을 했습니다. 당시 처음 부임했던 궁사는 스가마사토모라는 사람인데, 이 사람이 역사왜곡을 철면피하게 저지른 것입니다.

일부 학자들도 이 칠지도의 연호를 풀이한답시고 철저히 왜곡을 했습니다. 맨 앞에 '泰和四年'이라는 글자가 나옵니다. 태화 4년은 서기 369년인데, 이 연대에 120년을 위로 올리기도 하고, 또는 120년을 내리는가 하면, 함부로 중국의 역사에다 갖다 붙이기도 하는 등 그런 식으로 조작을 했었습니다. 그러나 저는 이 칼에 새겨진 글자들이 있는한 끝끝내 속일 수는 없다고 봅니다.

더구나 우에다 박사 같은 분이 정말 철저하게 칠지도에 관해 연구를 했습니다. 이분도 세 번이나 칠지도를 직접 가서 만져본 사람입니다. 칠지도를 만져보지 않고 연구할 순 없죠. 우에다 박사가 그러한 걸 했기 때문에 압박을 받았는데, 이분이 오래 오래 좀 사셨으면 하는 생각을 합니다.

- 석상신궁

- 칠지도

- 석상신궁 궁사와 저자

- 석상신궁 수장고(금족지)

여기는 어디냐면, 우리가 금석문으로서 백제의 발자취를 살필 수 있는 스다하치만신사隅田八幡神社입니다. 스다하치만신사는 일본 와카야마和歌山현 하시모토橋本시에 있는데요, 오사카공항에서 한 시간 남짓한 거리입니다. 저 신사에는 인물화상경人物畵像鏡이라는 청동거울이 있습니다. 이 거울은 서기 503년에 백제 무령왕이 왜나라 왕실의 친동생인 오호도男大迹왕자(계체왕)에게 보내준 것입니다.

바로 이게 실물입니다. 저도 이 실물을 만져보기도 했고, 궁사와 함께 사진도 찍었습니다. 이 거울에는 바깥쪽 테두리를 따라 모두 48개의 명문銘文이 쭉 새겨져 있어요. 한자로 된 이 금석문을 제가 예전에 번역을 했습니다.

癸未年八月十日大王年男弟王在意柴沙加宮時斯麻念長壽遺開
中費直穢人今州利二人等取白上銅二百旱作此鏡

"계미년, 서기 503년 8월 10일, 대왕(백제 무령왕)시대에, 오시사카궁(일본땅 意柴沙加宮, 忍坂宮)에 있는 오호도왕자(男弟王, 男大迹, 뒷날의 계체천황)에게 무령왕(斯麻는 무령왕의 휘諱)께서 아우의 장수長壽를 바라시면서 개중비직과 예인穢人 금주리 등 2인을 파견하여 거울을 보내시는 바 이 거울은 좋은 구리쇠 200한으로 만들었노라."

여기는 계미년 8월이라고 되어 있습니다. 서기 503년 8월 길일, 대왕은 여기서 백제 무령왕을 말합니다. 대왕 시대에 케이타이천황, 왜나라의 오호토라고 하는 백제계열의 왕이 케이타이였습니다. '사마'

## 응신천황을 모신 하치만신사

- 하치만신사의 사당

- 스다하치만신사 입구

- 도미오카 하치만궁 안내판과 하치만궁 입구

는 무령왕의 휘諱입니다.

이 인물화상경은, 서기 503년 8월 길일에 케이타이천황이 오사카궁에 있을 때 무령왕께서 동생의 장수를 염원하며 보내준 것으로 개중비직과 예인 금주리 등 두 명이 최고급 구리쇠 2백한으로 이 거울을 만들었다는 것입니다. 보다 자세한 건 저의 『일본 속의 백제 구다라』 책에 원문이랑 다 써놨습니다.

케이타이천황은 무령왕의 친동생입니다. 무령왕이 일본에 있을 때, 지난 시간에 말씀드렸듯이 무령왕은 동성왕의 아들입니다. 동성왕의 아버지가 누구냐면 바로 백제의 곤지왕자입니다. 곤지왕자는 일본이 건너가서 응신천황이 되었던 것이죠. 일본학자가 밝힌 것을 지난 시간에 여러분에게 말씀드렸죠.

응신천황, 즉 곤지왕자가 일본에서 낳은 아들이 동성왕입니다. 그 동성왕의 아들이 무령왕인데, 무령왕의 동생이 케이타이천황입니다. 이 인물화상경은 무령왕이 만들어서 일본에 있는 동생인 케이타이천황(오호도 왕자)에게 보내준 것입니다. 오래 잘 살라는 축원이죠.

이것은 제가 전에 일본의 천황들이 백제인이라는 계보를 만들었던 것인데, 이것은 제가 2008년 4월호 월간 〈신동아〉에 밝힌 겁니다.

일본에서 또 철저히 역사 왜곡을 하고 있는 것이 있는데요. 바로 이 무령왕을 큐슈의 가카라 섬에서 낳았다고 하는 상당히 잘못된 주장을 하고 있습니다. 『일본서기』는 곤지왕자를 개로왕의 동생으로 만들었습니다. 『삼국사기』를 봐도 알 수 있습니다만, 곤지왕자는 개로왕의 아들입니다. 개로왕의 왕자들 중에 한명입니다. 한 대를 줄여놓고 무령왕을 갖다가 역사를 왜곡하고 있습니다.

일본이 역사 왜곡은 큰 것들이 10여 가지가 되는데, 그 중에 대표적인 하나가 바로 무령왕에 관한 것입니다. 인물화상경에 의해서 무령왕의 휘가 사마라는 것이 밝혀졌어요. 이것이 확인되고 나서 지난 1971년 7월 8일날 공주 무령왕릉에서 나온 묘지명 석판에서 '사마'라는 기록이 발견되었습니다. 무령왕이 어떻게 태어나고 승하하셨는지 그 발자취들이 확인된 것입니다. 무령왕릉이 발굴됨으로써 일본 역사학계가 발칵 뒤집혔다고 합니다. 백제가 그때 철저히 밝혀진 겁니다.

역사라는 것은 고대의 금석문 같은 것들이 있음으로써 입증이 됩니다. 지난번에 종이는 매우 귀했다는 말씀을 말씀드린 일이 있죠. 역시 돌이라든지, 금속으로 만들어진 칠지도나 인물화상경 같은 유물에 새겨진 글씨들, 이러한 것이 있음으로써 발자취를 잘 살필 수 있는 것입니다.

이분이 바로 스다하치만 신사의 데라모토寺本嘉幸 궁사님입니다. 그리고 이게 인물화상경입니다. 이분도 아주 훌륭한 분이예요. 제가 지난 2007년 1월 12일에 스다하치만 신사에 직접 찾아갔습니다. 그 때 저에게 육중한 금고에 들어있던 인물화상경을 손수 꺼내서 보여주면서 "이 인물화상경은 서기 503년에 백제 무령왕께서 일본왕실로 보내주신 것이 맞습니다." 하고 자기 입으로 확언했습니다. 데라모토 궁사의 이 말은 한일 고대사에 관한 매우 중대한 증언입니다. 일부 일본 학자들은 그간 이 거울이 백제로부터 건너온 사실을 부인하느라 연대를 조작하고 문구를 자의적으로 해석을 하면서 그걸 역사라고 해왔습니다.

이곳은 인물화상경이 있는 스다하치만신사의 자그마한 사당입니다. 여기에 모시고 있는 분 역시 응신천황입니다. 응신천황은 곤지왕 자라고 아까 말씀드렸죠. 바로 여기가 곤지왕을 모신 팔번신사八幡神社라고, 하치만사 또는 하치만신사라고 하는데, 일본에는 곤지왕昆支王을 모신 사당이 굉장히 많습니다. 하치만신은 곤지왕의 신주 이름입니다. 하치만신, 팔번신八幡神, 대단한 겁니다. 여기가 스다하치만신사로 올라가는 계단입니다. 이리 들어가죠.

이러한 발자취를 통해서 일본 속에 있는 우리 역사를 자세히 알 수가 있고, 이제 여러분들도 시간이 나실 때 많이 답사를 하셔야 합니다.

참고로 지금 강의를 하고 있는 저 지역들의 위치를 좀 더 말씀드리겠습니다. 동대사는 나라역으로 가면 됩니다. 역시 오사카에서 가깝습니다. 교토 쪽에서 갈 수도 있습니다. 그리고 칠지도가 있는 석상신궁 역시 철도로 가는데, 교토 쪽에서 오다가 나라현 천리시 천리역에서 내립니다. 그런데 칠지도는 실물을 직접 구경하지 못합니다. 이 사람들이 안 보여줍니다.

천리역에서 인물화상경이 있는 석상신궁을 가려면 택시를 타야합니다. 거기까지 다니는 버스가 없습니다. 택시를 타고 15분 정도 가면 석상신궁이 나옵니다. 그동안 "인물화상경은 도쿄 우에노의 '도쿄국립박물관'에 있다"는 설이 있었습니다. 여기 궁사가 실물을 가지고 있는데, 레프리카라고 해서 똑같게 만든 것을 간직하고 있다고 하고, 도쿄국립박물관에 있다고 하는 엉뚱한 소리도 합니다. 그런데 석상신궁의 궁사가 "그건 낭설이다. 우리가 가지고 있다"고 분명히 밝혔습니다.

나라지역이 얼마나 중요한 곳이냐. 처음에 말씀드렸듯이 나라경은

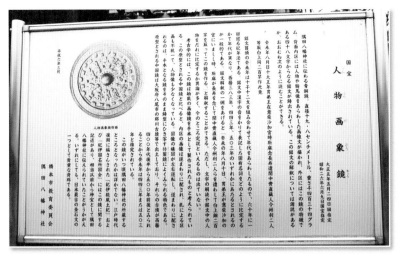

■ 인물화상경 안내문

■ 인물화상경 모형

■ 데라모토 궁사와 인물화상경

서기 710년에 백제 계열의 겐메이元明 여왕이 만들었습니다. 평성경平城京이라 했다고 말씀드렸죠. 서기 710년이니까 지금부터 1300년 전일입니다.

거듭 말씀드리지만 민달천황의 아버지가 누구냐면, 백제 성왕인 흠명천황입니다. 성왕의 증조부인 응신천황 때부터는 백제 계열의 왕들이 일본을 지배합니다. 이것은 일본의 여러 문헌을 통해 확인할 수 있어요. 나라지역에 백제문화재라든지 사당, 사찰 등 유적지가 가장 많이 있습니다. 나라 땅은 곧 우리나라입니다. 우리나라라고 얘기한다고 해서 일본사람이 나쁘게 해석할지는 몰라도, 사실은 고대 한국인들이 개척한 땅이다 하는 긍지를 가지고 일본 역사를 바르게 인식하는 것이 매우 중요하다. 저는 그렇게 말씀드릴 수 있습니다.

짧은 시간에 여러 가지를 많이 말씀드리려니까 이해하시기 좀 힘든 면이 있었을 줄 압니다. 자세한 건 제 책을 통해서 밝히고 있으니까 참고하시기 바랍니다.

여러분, 감사합니다. 🟦

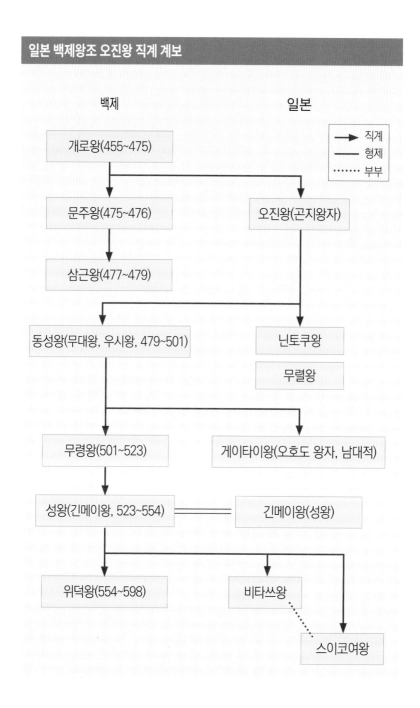

## 일본 백제왕조 오진왕 직계 계보

백제

일본

직계
형제
······ 부부

개로왕(455~475)

문주왕(475~476)

오진왕(곤지왕자)

삼근왕(477~479)

동성왕(무대왕, 우시왕, 479~501)

닌토쿠왕

무렬왕

무령왕(501~523)

게이타이왕(오호도 왕자, 남대적)

성왕(긴메이왕, 523~554)

긴메이왕(성왕)

위덕왕(554~598)

비타쓰왕

스이코여왕

## 일본 최초의 백제사 나가노현의 젠코지

百濟寺

長野縣

善光寺

여러분 반갑습니다. 일본 속의 백제, 여섯 번째 강의를 하겠습니다. 일본에는 백제사라는 이름의 사찰들이 여러 곳에 있습니다. 제가 조사한 바로는 한 여덟 군데가 됩니다. 물론 현재 백제사가 있는 곳도 있고 유적도 있다는 말씀입니다. 백제사, 일본말로는 '구다라데라くだらでら'라 한다고 말씀드렸죠. 그런데 여기에 '노の' 자를 넣어서 '구다라노데라くだらのでら'라고 씁니다. 왜 '노の' 자를 쓰느냐. 일본 역사를 더 깊이 공부하시려면 이 노 자를 잘 이해해야 합니다. 본래 '구다라데라'인데 '구다라노데라'라고 '노の' 자를 넣어서 쓴다는 말씀인데요, '노の'는 우리말로 '~의', '~이라고 하는' 그런 뜻이죠. 그러니까 '구다라노데라くだらのでら'는 '백제라고 하는 절'이라는 뜻이 됩니다.

예를 들면, 일본의 후지산富士山을 후지노야마富士の山라고도 합니다. 사람 이름도 그렇습니다. 지난번에 백제인 일본왕족인 대원진인大原眞人, 즉 오하라노마히토라는 분을 말씀드렸죠? 이분은 민달천황의 손자죠. 일본 고대 왕실의 족보인 『신찬성씨록』에 "大原眞人 出自諡 敏達孫 百濟王也. 대원진인(오하라노마히토)은 민달(비다쓰) 천황의 손자로서 백제왕족이다"라고 밝히고 있습니다.

■ 젠코지 본당. 외국 관광객도 보인다.

이분의 경우 성씨 밑에 '노の' 자를 넣어서 '오하라노마히토'라고 읽습니다. 귀족이나 왕족 같은 경우에는 노자가 들어갑니다. '오하라'라고 하는 '마히토'라는 뜻입니다. 이 노 자에 대해서는 좀 알아둘 필요가 있어요.

백제사를 구다라데라, 또는 구다라노데라라고 읽는가하면 '햐쿠사이지ヒャクサイジ'라고 읽는 고장도 있습니다. 음으로 읽으면 햐쿠사이지죠. 그러나 일반적으로 구다라데라라고 읽습니다.

지난 시간에 일본의 한자어 표현은 음과 훈으로 읽는다고 말씀드렸어요. 소리로 읽기도 하고 새겨서 읽기도 한다고 했습니다. 한 글자를 여러 가지로 읽는데요, 많은 경우 한 글자를 열세 가지까지 읽는 글자도 있습니다. 그래서 일본어는 어렵습니다. 그리고 일본어를 공부하려면 한자 공부를 해야 합니다. 일본에서는 유치원부터 한자를 철저히 가르치고 있습니다. 유치원부터 초등학교 어린이들은 기본 한자 485자를 깨쳐야 합니다. 고등학교에 들어가려면 1,945자를 깨쳐야 하니까 2,000자 가깝게 공부를 하는 것이죠.

아시아에서는 우리 대한민국과 중국, 일본 이 세 나라가 한자를 사용합니다. 물론 베트남도 한자를 좀 씁니다만, 극동 지역에서는 한자 공부를 안 하면 안 됩니다. 여기 젊은 분들이 많이 계시는데, 일본어를 하려면 한자를 공부해야 하고 일본을 알려면 한자를 알아야 합니다. 일본 역사를 알려면 한자를 알아야 합니다.

우리는 한자를 반드시 공부해야 합니다. 전에도 제가 말씀드렸듯이 한자는 중국 글자가 아니고 본래 우리 동이東夷의 글자입니다, 고대 조선의 글자입니다.

우리나라에 한자를 연구한 전문 학자가 있습니다. 진태하陳泰夏 교수라고, 한중韓中 언어학의 대가입니다. 중국에서 박사학위를 받으셨고, 현재 인제대학교 석좌교수로서 한자를 가르치고 있습니다. 이분이 이런 말씀을 하셨어요. "한자는 중국 문자가 아니라 우리 조상 동이족東夷族이 만든 우리 글자입니다. 중국 학계에서는 이런 역사적 사실을 인정하는데 한국만 모릅니다"라고 말이죠.

어쨌든 우리는 한자를 공부해야 합니다. 초등학교에서도 많이 배워야 하고, 중학교, 고등학교에서도 꾸준히 공부를 해야 합니다. 물론 한글이 훌륭합니다. 더구나 한글만 가지고는 국사 공부가 안 됩니다.

일본인이나 중국인이 우리나라에 와서 거리에 있는 한자 표지판을 보면 잘 알아봅니다. 우리도 한자를 함께 써야 합니다. 그리고 우리 역사나 중국과 일본 역사는 한자어를 모르면 공부가 안 됩니다.


일본 나가노현長野縣에 가시면 선광사善光寺라는 사찰이 있습니다. 일본말로 젠코지라고 하는데, 이 선광사의 본래 명칭이 백제사였다, 구다라지였다고 하는 기록이 고대문헌에 나옵니다. 『현진자필 태자전 고금목록초 책자본顯眞自筆太子傳古今目錄抄冊子本』이라고 하는 일본 고대문헌인데요, 여기에 "젠코지善光寺는 처음 세웠을 때의 명칭이 구다라지くだらじ(百濟寺)였다"라고 기록되어 있습니다.

그리고 이러한 사실을 여러 일본 학자들이 밝혀왔습니다. 그 중에 이마이 게이이치今井啓一 교수라는, 일본의 사찰과 신사에 관한 연구가로 유명한 학자가 있습니다. 이분이 자신의 박사학위 논문에서 선광사가 본래 백제사였다고 밝혔습니다.

"젠코지는 본명이 백제사百濟寺였다. 젠코지의 아미타원阿彌陀院은 쇼토쿠태자聖德太子가 세웠던 모두 46원의 사찰들 중에서 두 번째 사찰이며 이름은 백제사百濟寺이고, 뒷날 명칭이 젠코지善光寺로 바뀌었다." (『歸化人の社寺』, 1969)

이 선광사에는 백제 성왕이 일본에 가져가셨던 최초의 조그마한 불상이 비불祕佛로 모셔져있습니다. 아무도 본 일이 없다고 해요. 절대로 아무도 못 봅니다. 선광사는 나가노현의 나가노시長野市에 있는데요, 특급열차 신칸센을 타고 도쿄에서 2시간 거리입니다.

선광사는 대단히 큰 사찰입니다. 굉장히 커요. 일본 사람들은, "선광사를 모르면 일본 사람이 아니다!" 이런 말을 할 정도로 유명한 사찰입니다. 일본 사람들은 평생에 한 번 꼭 가보고 싶은 명찰로 젠코지를 꼽는다고 해요. 그래서 해마다 600만 명 이상이 참배를 하는, 일본의

= 나가노역 앞

대표적인 고대 사찰 중의 하나입니다.

지난 1998년에 이곳 나가노에서 겨울올림픽이 열렸습니다. 그때 나가노 시민들이 우리 한국선수단을 대대적으로 환영했습니다. 사물놀이도 하고 여러 가지 환영행사를 많이 했습니다. 왜 그랬을까요? 고대에 이 지역에도 한국인들이 많이 와서 살았고, 특히 선광사라는 백제 사찰이 있고, 거기에 백제 비불을 모시고 있기 때문입니다. 백제의 비불, 그 비불이 어떻게 생겼는지는 모릅니다. 선광사의 건물 저 안쪽 깊숙히 보이지 않게 모셔져있다고 그래요.

이게 백제의 삼존불입니다. 이 삼존불과 같은 모습이 아니겠느냐, 그렇게 생각하고 있습니다. 이 불상은 백제 부여에서 출토된 겁니다. 이와 같은 형태로 만들어 놓은 것이 있습니다만, 본래의 불상은 공개를 안 하고 있습니다. 비불입니다. 여기 주지도 못 봅니다. 그렇게 비불로 모시고 있다는 겁니다.

불상의 명칭은 일광삼존아미타불一光三尊阿彌陀佛인데, 양쪽에 협시불로 관음보살과 세지보살을 양쪽에 거느리고 있습니다. 그러니까 가운데 본존불이 있고 양쪽에 협시불을 세운 것이죠. 우리나라에 있는 불상들과 형태가 같습니다.

바로 이게 선광사 본전의 모습인데 굉장히 큽니다. 젠코지의 본당은 높이가 약 30m나 되는 목조건물입니다. 일본에서 세 번째로 큰 사찰 건물입니다. 제일 큰 건물은 나라 땅에 있는 동대사東大寺 대불전이죠.

그리고 이 사찰의 특징은 건물의 지붕이 T자형으로 되어 있어요. 이러한 지붕을 팔작지붕이라고 하는데, 일본학자들은 '백제식 건축양식'이라고 밝히고 있습니다. 바로 이쪽이 팔작지붕으로 되어 있습니다. 이 팔작지붕 밑이 금당인데, 여기에 비불을 모시고 있다는 거죠.

선광사를 발굴할 때 백제양식의 기왓장들이 쏟아져 나왔습니다. 이때 출토된 연꽃문양의 기왓장은 백제식이라는 것을 일본 학자들도 밝히고 있습니다. 그 중에 나가노의 신슈대학信州大學에서 선광사를 연구하고 있는 우시야마 요시유키牛山佳幸 교수는 이런 얘기를 했어요.

"젠코지 창건은 거의 7세기 후반의 시기로 보인다. 그 근거로는 지금까지 경내에서 발견되고 있는 옛날 기와, 특히 수막새의 문양이 7세기 중엽에 세워진 니라 땅 아스카飛鳥의 가와하라데라川原寺 사찰 출토 기와에 가까운 양식을 갖고 있다는 점에서다. 또한 2007년 3월에 대본원 법당 재건 공사 때 곁들여서 젠코지 경내에서 처음으로 발굴 조사한 결과, 제조 방법에서 추정되는 포목와布目瓦의 파편이 대량 출토되므로써 7세기 후반일 가능성이 한층 더 커졌다. 이 기와들과 유사한

문양의 기와는 조선반도의 것이며 도래인들이 세운 사원 유적지 마다 발견되고 있다"(『善光寺』(佛敎新發見) 朝日新聞社, 2007. 10. 7)

제가 지난 2008년 6월 13일 도쿄에서 학술강연을 통해 백제사에 대해서 자세히 밝혔습니다. 그때 관중이 350명이 오게 되어 있었는데 한 400명 정도가 왔습니다. 백제사에 대해 강연을 했더니 나중에 많은 일본인들이 와서 젠코지, 선광사가 백제사였냐고 하면서 이제 알겠다고, 문헌을 가르쳐달라고 그랬습니다. 어쨌든 일본 사람들이 평생에 한번은 꼭 가야한다는 선광사, 이 선광사의 본래 이름이 백제사였고, 백제 성왕이 보내준 비불을 모시고 있다는 겁니다.

선광사에는 상당히 흥미로운 곳이 있습니다. 혹시 선광사에 가시면 여기를 한번 들어가 보세요. 내진內陣이라고 하는 지하통로인데 디근(ㄷ)자 모양으로 되어 있어요. 본존불이 모셔진 단의 지하 통로를 한 바

= 젠코지 행선 표지판

젠코지로 오르는 언덕길　**젠코지가 있는 일본 나가노시 풍경**

## 일본 최초의 백제 절, 젠코지善光寺

▪ 젠코지 산문(정문)

▪ 젠코지 산문의 편액

- 젠코지 본당

- 본당 지하의 내진

- 백제 비불의 복을 받고자 내진을 돌고
있는 모습

퀴 돌아 나오게 되어 있어요. 통로 안쪽은 완전히 암흑이라 전혀 보이질 않습니다.

여기를 들어가려면 500엔을 내고 들어가는데, 왜 들어가느냐? 깜깜한 통로 중간에 '극락의 자물쇠極樂の錠前'라는 게 있어요. 그 자물쇠 위쪽이 백제 비불이 있는 바로 그 위치라는 겁니다. 아미타여래 삼존 불상이 보관된 밀실 성지가 있다는 거죠. 그래서 자물쇠를 만지면 위쪽 단에 있는 아미타여래 본존불과 연이 이어져서 극락왕생한다고 합니다. 일본 사람들이 선광사에 가면 반드시 여기를 들어갑니다. 어둠 속을 더듬으며 들어가서 자물쇠를 만지고 다시 더듬으면서 나오는데, 그럼으로써 백제 비불의 복을 누린다고 하는, 그런 감동적인 곳입니다. 여러분들도 선광사에 가시면 내진권內陣券을 사서 지하통로를 한 번 들어가 보시지요.

우리나라의 금동원이라는 여류 시인이 선광사의 비불에 대해 시를 썼습니다.


젠코지善光寺의 비불

금동원

그 누구도 본적이 없어
비밀스러운 이끌림에 그저
법당의 어두컴컴한 디근자형 지하계단을 조심스레
줄지어 한 바퀴 돌아 나올 뿐이지

552년 백제 26대 성왕이 불교 포교를 위해 보냈다는

- 충남 부여 부소산에서 출토된
  6세기경의 '백제금동삼존불'

- 백제 비불을 모작한 젠코지의
  전립본존. 7년에 한 번 공개

- 본존불 공개 안내. 2009년4
  월5일~5월31일

- 본존불이 정면 벽장속에 비공개로 모셔져 있는 본당 내부 광경

관음보살과 세지보살을 좌우로 거느린 '일광삼존 아미타여래'

시샘과 부러움 때문일까

본당 아미타원 지하실에 꽁꽁 숨겨 놓은 비불

백제사(구다라지)를 젠코지로 바꾸어 부른다 한들

감추고 싶어도 감출 수 없는 것이 진실 아닌가


난파難波의 '호리에' 강물에 갖다 던져 버렸어도

영험한 부처의 빛나는 가호

천년을 넘나드는 가슴시린 숨결

일본에서 가장 오래된 영불로 살아남은

아미타여래 삼존불이 백제의 핏줄임을 숨길 수는 없지 않은가


　젠코지에서 우리 백제의 불상을 비불로 모시고 있다, 이러한 내용입니다. 저도 갈 때마다 내진에 들어가서 한 바퀴 돌아 나옵니다.

　특히 우리가 감동받는 건 이런 겁니다. 이게 젠코지에서 만든 안내 책자 「선광사제당참배善光寺諸堂參拜」인데요, 여기 서두에서 백제비불을 모시고 있다고 밝히고 있습니다.

　"신슈信州(나가노의 옛 지명)의 젠코지에서는 일광삼존 아미타여래를 본존으로 모시고 있는 성지로서, 사찰 창건 이래 1,400년의 오랜 세월 동안 그 법등法燈을 호지하여 온 고찰입니다. 『젠코지연기善光寺緣起』에 따르자면 어본존御本尊인 일광삼존 아미타여래는 킨메이천황 13년(서기 552년)에 일본에 불교가 전래될 때에 백제로부터 일본으로 건너오신 일본에서 가장 오래된 불상입니다."

이렇게 설명을 하고, 본래 처음부터 젠코지가 구다라지百濟寺로서 개창되었다는 일본 고대 문헌들의 고증과는 다르게 젠코지라는 가람의 명칭이 생긴 발자취에 대해 다음처럼 밝히고 있습니다.

　"백제 불교가 건너왔을 당시 백제 아미타여래 불상을 둘러싸고 과연 백제의 불교를 일본에서 수용할 것이냐 말 것이냐는 문제로 조정에서 큰 정쟁이 벌어졌습니다. 그 당시 불교 반대파(조정의 군사 및 치안 책임자였던 대련大連 벼슬의 모노노베노 오코시 일당)가 난바難波(지금의 오사카 중심지)의 '호리에' 강물에 갖다 내던져 버렸습니다. 서기 642년에 나가노에 살던 혼다 젠코本田 善光가 불상을 강물에서 건져내어 이 고장으로 모셔와 자기 집에다 안치했습니다. 그후 곧 아미타여래 불상은 비불이 되었다고 전해지고 있습니다."

　이게 뭐냐면, 나라 땅 법륭사에서 만든 「약연기略緣起」라는 거예요. 이 사람들이요, 백제관음상을 자기네가 만들었다고 속이고 있습니다. 나라 땅 법륭사에서 말이죠. 법륭사에 오는 입장객에서 한 장씩 나눠주는 겁니다. 그런데 선광사에서는 백제에서 온 백제비불을 자기네가 모시고 있다고 양심적으로 밝히고 있습니다. 상당히 대조적이지 않습니까?

　이것은 젠코지의 입구인 산문山門(三門)에 걸려있는 편액입니다.(178쪽 사진 참조) 여기 '선광사'라고 새겨져 있는데요, 이 글자에는 비둘기 다섯 마리를 새겨 놓았습니다. 여기 비둘기 머리들이 보이죠? 그래서

비둘기 구鳩 자를 써서 구자액鳩字額이라고 합니다. 그리고 '선善' 자는 황소의 얼굴을 정면에서 본 모습이라고 합니다. 일본에는 "황소에게 이끌려 젠코지로 참배간다(牛に引かれて善光寺参り)"는 유명한 속담이 있습니다. 이 '선' 자를 보면서 그 속담을 떠올린다고 하죠. 이 속담의 유래에 대해, 저의 오랜 지기이자 히코센국제장학회 다나카 히사히로田中久弘 이사장은 이런 얘기를 했습니다.

"백제에서 일광삼존아미타여래 불상을 보내와서 백제 불교가 크게 성하던 때였습니다. 어느 날 종교도 없는 데다 고집불통 욕심쟁이 노파가 나가노 땅의 치쿠마강千曲川 강변에서 귀한 옷감을 빨아서 널고 있었습니다. 그때 아미타여래님이 황소로 변신해서 그 옷감을 뿔로 걸어서는 막 뛰어 달렸어요. 놀란 노파가 옷감을 찾으려고 황소를 뒤좇아서 멀리 젠코지까지 뛰어온 것입니다. 너무도 지친 노파가 고단한 몸을 뉘어 잠이 들었는데, 꿈에 아미타여래님이 나타나셨습니다. 노파는 그제야 모든 것을 깨닫고 불교를 믿어 구원받게 되었다고 합니다. 그 무렵부터 젠코지는 여성 구원의 명찰로 알려지게 되었답니다."

선광사는 참으로 유서 깊은 사찰입니다. 우리 한국인들도 많이 찾습니다. 여기서 일본어로 된 안내 책자를 팔고 있는데, 책자에 '백제에서 성왕이 보내주신 불상을 모시고 있다'고 설명을 해놓았습니다.

그런데 사실은 그게 어떤 불상이냐 하면, 백제에서 일본 아스카 땅으로 비불이 먼저 갔습니다. 일본의 백제계 왕실에서는 그동안 신도神

■ 치마저고리를 입고 한국식 좌법으로 앉아 있는 젠코의 부인상(오른쪽)

■ 젠코지 뒷산

6강 일본 최초의 백제사百濟寺 나가노현長野縣의 젠코지善光寺　185

道만 믿고 있었는데, 백제 불교가 건너오니까 반대하는 세력이 나왔습니다. 그 세력이 불상을 건져다가 오사카의 호리에라는 강물에 버렸습니다. 그런데 그 강물에서 불상이 떠올랐다고 합니다. 바로 그 불상을 가져다가 선광사를 짓게 되었다는 겁니다. 선광이라는 분이 지었기 때문에 그 사람의 이름을 따서 백제사가 지금은 선광사로 바뀌었다고 말합니다. 여기 불당 안에 선광이라는 분과 그 부인과 아드님의 존상이 있습니다. 바로 이겁니다. 이분이 선광이라는 분이고 이분이 부인이고, 아드님입니다.

선광사 안내 책자에 이 부분만은 한글로도 씌어 있어요. 이분들이 한복 치마저고리를 입었다고 밝히고 있습니다. 이걸 보면서 고대 백제에서도 치마저고리를 입지 않았는가 하는 생각을 하게 됩니다. 하여간 선광, 일본말로는 젠코라는 분이 호리에 강에 떠오른 비불을 모셔다가 지금의 선광사를 세웠고, 이분이 치마저고리를 입고 있었고, 그래서 한반도와 밀접한 관계를 알 수 있다고 이 사찰에서 만든 책자에서 밝히고 있습니다.

이게 나라 시대 저고리의 사진입니다. 이것도 정창원 안에 있는 것으로 보입니다. 저고리 모습이 어떻습니까? 여러분, 고대의 백제인들이 아마 이러한 저고리를 입지 않았느냐 생각합니다. 일본 복식학자가 양심적으로 쓴 책에 있는 그림입니다. 그러니까 저고리 형태가 저와 같다는 것을 우리가 알 수 있습니다.

그리고 선광사는 일본 각지에 선광사라는 같은 이름의 사찰들, 즉 분원이랄까 분사를 거느리고 있습니다. 산문 안쪽에 일본 전국에 있는 선광사 분포를 알려주는 지도가 걸려 있습니다. 일본에서는 선광사가 있는 나가노시長野市를 불도佛都라고 부릅니다. 부처님의 도시라는 거죠.

거듭 말씀드리지만, 아미타여래 삼존불상은 지금까지 누구도 직접 본 적이 없는 비불秘佛로 유명합니다. 본당에 모셔놓은 불상도 본존불을 모방하여 제작한 마에다치혼존前立本尊인데, 이것도 7년마다 한 번씩 일반에 공개한다고 합니다. 작년에 공개했는데요, 일본 사람들이 전국 각지에서 인산인해로 몰려왔습니다. 비불을 만약 공개한다면 어떻게 될까요? 정말 터져나가겠죠. 아마 나가노시가 미어질지도 모릅니다. 우리 백제불상이 그와 같은 대접을 받고 있다는 것을 이 고대 백제사 강의에서 밝히고 있다는 것은 사뭇 감동적이다~ 저는 그렇게 생각합니다.

이것은 백제 부여에서 나온 불상인데 이런 형태가 아닌가 생각합니다. 비밀스러운 이끌림에 그저 법당의 어두컴컴한 디귿자형 지하계단을 조심스레 줄지어 한 바퀴 돌아 나올 뿐이지, 그 누구도 불상을 본 적이 없습니다. 백제 금동불상이라고 합니다만, 저 비불을 우리가 볼 수 있다면 얼마나 좋을까요?

백제사百濟寺라는 이름을 가진 사찰이 일본 사가현의 비와코 호수 쪽에 있습니다. 삼백방三百房으로 유명하죠. 이 산에 300개의 승방들이 있었다고 합니다. 이것이 백제사 현재의 모습입니다. 가을에

■ 나라 시대의 백제 저고리와 주름치마

는 경치가 굉장히 아름답습니다. 여기에 있는 불상도 역시 백제 비불입니다. 공개를 안 하고 있습니다. 백제 불상을 그렇게 귀히 여겼다는 것이죠. 이곳은 가시려면 참 힘듭니다. 일본 철도를 이용해야하는데, 오쓰시大津市라고, 지난번에 말씀드린 적 있죠?

지난 시간에 오우미 땅, 근강近江은 백제가 멸망할 때, 서기 663년에 일본 백제계열의 왕인 천지천황이 이곳에다가 처음에 400명, 그다음에 700명, 그렇게 1,100명이 거주할 자리를 잡아줘서 살게 했다고 말씀드렸어요. 그리고 나라 땅에서 이곳으로 왕도를 옮겼다고도 했습니다.

또 고료초 구다라廣陵町百濟에 대해서도 말씀드린 적이 있습니다.

서기 572년에 비다쓰(민달)천황이 '백제대정궁'을 세운 곳이 오이(大井, 대정) 땅이라고 했는데요, 그 터전이 바로 지금의 나라현의 고료초 구다라라는 게 일본 역사학계의 통설입니다. 이곳에는 지금도 구다라 우편국百濟郵便局(백제우편국)이 영업 중이라고 말씀드렸어요. 이 고료초 구다라(백제)라는 명칭은, 현재 '백제'라는 행정지명이 고스란히 남

■ 오사카 히라가타시의 백제사 터

아있는 두 곳 중 하나입니다. 여기 외에 또 다른 한 곳은 교토시 동쪽의 '히가시 오우미시 햐쿠사이지초東近江市百濟寺町'입니다. 우리말로는 '백제사정'이죠. 일본 최대의 비와코 호수 너머 히가시 오우미시 햐쿠사이지초의 스즈카산鈴鹿山 등성이에 지금도 우뚝 서 있는 유서 깊은 백제사 때문에 이곳의 행정지명조차 '백제사정'입니다. 이곳에서는 샤카산(석가산) 햐쿠사이지百濟寺(백제사)로 부르고 있습니다. 일본에서는 백제사를 일컬어 어디에서나 '구다라 데라'라고 하는데 유독 이 사찰만은 '백제사'라는 한자어를 그냥 소리나는 대로 음으로 읽어 '햐쿠사이지'로 부르고 있어요.

거듭 말씀드리지만, 현재 일본에서 백제라는 행정지명이 남아있는 곳은 '고료초 구다라'와 '햐쿠사이지초' 두 군데뿐입니다. 물론 오사카에 백제라는 지명을 가진 버스정거장이나 전철역, 초등학교까지 있습니다만, 정식 행정지명으로는 천지천황이 천도했던 고료초 구다라와 햐쿠사이지초 두 군데뿐입니다. 1910년, 일제의 조선 침략 이전까지만해도 '구다라군百濟郡', '구다라촌百濟村', '구다라강百濟川', '구다라

■ 사가현 히가시 오우미시의
 하쿠사이지(백제사)

평야百濟平野' 등 수많은 '백제'라는 행정지명이 오사카, 나라 등 일본 각지에 자리매김하고 있었습니다.

그 다음에 여기는 오사카에 있는 사리존승사舍利尊勝寺(샤리손쇼지)라고 하는 절입니다. 이 사찰도 본래 백제사였습니다. 이 사진은 지난해에 제가 찍은 건데요, 샤리손쇼지의 현재 모습입니다. 이 지역은 오사카의 이쿠노구生野區라고 해요. 북백제北百濟 지역이었어요. 예전 행정지명으로 백제군百濟郡이었던 곳의 북백제촌 지역이예요. 촌이라고 하지만 대도시죠. 여기에 있는 사리존승사를 처음에는 백제사로 불렀다는 것은 일본학자들이 밝혔습니다.

그리고 여기에는 아주 훌륭한 백제의 발자취가 또 있습니다. 이 백제사를 만든 분은 백제인 부호 이쿠노장자生野長者라고 일본의 고대 기록에 나옵니다. 이쿠노, 생야生野라는 지명도 사실은 이 이쿠노장자의 성에서 딴 겁니다.

이쿠노장자는 불심이 아주 깊었다고 하는데, 그에게는 말을 못하는 장애인 아들이 있었다고 해요. 당시는 백제계열의 성덕태자가 이곳 백제촌 지역에 와서 사천왕사를 세우고 있을 때였는데, 성덕태자가 이쿠노장자의 아들이 말을 못한다는 이야기를 듣고 그 아이에게 찾아옵니다. 그러고는 "얘야, 내가 전생에 너에게 부처님 사리 3과를 맡겨둔 것이 있으니 지금 그것들을 내게 돌려다오"라고 합니다. 그러자 아이가 갑자기 소리 내어 엉엉 울면서 사리 3과를 목 속에서 입 밖으로 내놓으며 "감사합니다"하고 첫 말문을 열었다는 겁니다. 이에 이쿠노장자 내외가 기뻐 눈물을 흘리면서 이곳 북백제촌에다 부처님을 위해 백제사를 시었다고 합니다.

이 지역이 오사카시 이쿠노구입니다. 이쿠노구의 사리존승사를 별칭하여 젠코지라고도 부릅니다. 나가노현에 있는 젠코지(선광사)의 분사죠. 일종의 부수사찰이라고 해서 자기네들도 선광사라고도 부르고 있습니다. 선광사가 원래 백제사라고 앞에서 말씀드렸죠. 이게 사리존승사의 불탑인데 선광사의 분원, 분사 이렇게 썼습니다. 역시 백제사였죠. 이와 같은 자취들을 둘러보면 값진 교양이 되겠죠.

이건 사리존승사의 불전 건물입니다. 원래는 여기가 거대한 터전이었다고 해요. 그러나 오랜 세월을 거치며 폐허가 되고, 다시 여러 유물들을 발굴해내고 그러면서 지금과 같은 모습으로 되어 있습니다. 도시 한복판에 있습니다.

그리고 재미있는 것은, 일본에는 『일본영이기日本靈異記』라고 하는 불교전설집이 있습니다. 서기 822년경에 한국인 스님이 쓰신 겁니다. 백제가 망할 때 이곳으로 건너온 백제 스님 의각법사가 이곳에서 살았다고 그래요. 의각법사는 백제의 학승으로 아주 유명한 분이었다고 합니다. 이분이 늘 밤마다 반야심경을 외우셨는데, 반야심경을 외우면 어두운 불당 안이 환하게 밝아졌답니다. 당시에 백제사에 살던 혜의惠義라는 백제 승려가 창호지에 구멍을 뚫고 안을 들여다보니까 의각법사님이 불경을 암송하는 입에서 광채가 나오더랍니다. 이튿날 의각스님이 몰래 들여다 본 혜의스님에게 그랬답니다. "나는 반야심경을 쭉 통독하면 이 법당의 벽이 다 없어지고 넓은 백제사의 정원이 훤히 다 보인다"라고 말이죠. 그게 『일본영이기』에 기록으로 나옵니다.

『일본영이기』는 일본말로 니혼료이키라고 하는 승전僧傳으로, 한국인 승려(景戒)가 일본 불교의 여러 가지 일화를 모은 책입니다.

백제사는 나가노에도 있고, 히가시 오우미시 근강지역에도 있고, 오사카에도 있습니다. 이것뿐이 아닙니다. 더 많이 있습니다.

오사카 땅에는 사리존승사 바로 앞에 이쿠노신사生野神社가 있어요. 앞에 말씀드린 이쿠노장자를 모신 사당입니다. 신사라는 건 사당이라고 여러분에게 말씀드렸죠. 사실 신사라는 말도 일본에서 지어낸 말이 아닙니다. 신사나 신궁神宮은 본래 우리나라에서 먼저 지은 말입니다. 『삼국사기』에 다 나옵니다. 여러분들은 신사하면 일본사람의 사당이다 그러는데 그렇지 않습니다. 신궁, 신사 모두 우리나라에서 건너간 말입니다. 신사는 사당이죠. 우리는 사당이라고 쓰지 않습니까. 이쿠노신사는 이쿠노장자를 모시고 제사를 지내는 사당입니다. 이쿠노장자는 백제신이죠. 인간신입니다.

### 사이쿠다니 유적

오사카의 사리존승사, 백제사 터전에서 가까운 구다라초 동남쪽에 고대 백제로부터 건너온 수많은 왕족 또는 귀족 출신 '니승尼僧'이라는 여승들이 건너 왔습니다. 여승들은 구다라스百濟洲의 나니와쓰難波津에 있는 백제인 왜왕실 관할 '백제니사百濟尼寺'에 살면서 왜인들에게 불교를 널리 전파했던 곳입니다. 1996년 12월 '사이쿠다니 유적 발굴 조사'를 통해 유명해졌습니다.

사천왕사 바로 옆이 백제여승사찰인 백제니사 터인데요, 폐허가 된 곳을 발굴하던 장면입니다. 지금 이 터전은 2002년부터 시작된 도시개발로 지금은 그 자취가 전혀 남아 있지 않습니다. 큰 도로와 고층아파트가 들어서서 자취가 없어졌어요.

'사이쿠다니 유적'에서 출토된 유물 중 일부는 현재 오사카역사박물관에서 전시를 하고 있어요. 연꽃무늬 수막새와 암키와, 토기 등이 발굴되었는데요, 항아리에는 백제 여승들의 사찰 명칭인 '백제니百濟尼'와 '백니百尼'라는 붓글씨가 또렷하게 남아 있었습니다. 접시 바닥면에도 이 같은 붓글씨가 적혀 있어요.

## 광릉사의 미륵보살반가사유상

이제 교토 쪽으로 한번 가볼까요? 교토에 가면 광륭사廣隆寺(고류지)라는 사찰이 있는데, 여기에 일본 국보 제1호라는 미륵보살상이 있습니다. 이 보살이 머리에 쓰고 있는 게 뭡니까? 보관寶冠, 보배로운 관을 쓰고 있죠. 오른쪽 발을 왼 무릎 위에 올려놓고 앉아서 무엇인가 생각하는 모습이죠. 보관을 쓴 미륵보살이라고 해서 보관미륵보살반가사유상寶冠彌勒菩薩半跏思惟像이라고 합니다. 일본의 국보 제1호라는 건 일본문화재 위원회에서 정했고(1951.9) 이 사찰에도 기록이 있습니다. 그런데 이것과 똑같은 불상이 우리나라에도 있습니다.

우리나라 국보 83호 금동미륵보살반가사유상金銅彌勒菩薩半跏思惟像입니다. 어디 있는지 아시죠? 용산에 있는 국립박물관에 있습니다. 지난 2007년은 벨기에의 수도 브뤼셀에서 전시했어요. 2007년 10월 9일부터 2008년 2월까지 브뤼셀 보자르예술센터에서 '부처의 미소—1600년 한국 불교예술'이라는 이름으로 한국 불교미술 특별전이 열리고 있었습니다. 유럽 사람들이 누구나 감동한다는 보도가 쭉 있었습니다. 얼마나 훌륭합니까. 이것과 똑같은 것이 바로 교토에 있는 보관미륵보살반가사유상입니다. 보관반가상이라고 약칭해서 말씀드리겠습니다만, 똑같은 형태입니다. 일본학자들도 "교토의 광륭사에서 모시고 있는 미륵보살반가사유상은 한국에 있는 국보 83호 금동미륵보살반가사유상하고 형태가 똑같다"고 합니다. 그런데 우리는 청동으로 만든 겁니다. 청동에다 도금을 한 거죠. 금을 입힌 겁니다.

교토 광륭사의 반가상도 옛날엔 금을 입혔었는데, 재료는 나무입니다. 적송이라고 하는 붉은 소나무로 만들었어요. 여러분들 동해바다에 가시면 적송 많이 있는 경치 보셨죠?

그런데 사실은 일본 국보 1호 불상을 모시고 있는 광륭사의 옛날 문헌에는 이 불상이 백제에서 왔다는 기록이 있습니다. 그런가 하면 신라에서 왔다고 주장하는 학자들도 있습니다. 백제유래설과 신라유래설이 있습니다. 그런데 근년에 와서 광륭사에서는 자기네가 아스카시대에 만들었다고, 안내 책자에 그렇게 담고 있어요. 그러니 우리가 일본 속에 있는 백제사라든

■ 고류지廣隆寺에서 모시고 있는 국보 1호를 일본에서 만들었다는 역사왜곡 선전문

지 한국역사를 철저히 알아야 하지 않겠습니까? 이런 것 보면서 좀 더 철저히 공부하지 않으면 안 되겠다는 생각을 하게 됩니다.

교토의 광륭사를 세운 사람이 누구냐면 진하승秦河勝이라는 사람입니다. 일본말로는 하타노카와카쓰라고 하죠. 여기도 노가 들어가죠. '진이라고 하는 하승'이라는 뜻입니다.

고대에 신라인들이 건너와서 이 지역에서 관개농업을 했다는 것이 일본학자들이 연구한 여러 기록에 잔뜩 나옵니다. 교토산업대학의 고대사학자 이노우에 미쓰오井上滿郞 교수는 이렇게 주장합니다.

"이 고장으로 볍씨를 가지고 도래한 진씨 일가는 일찍부터 강물에다 둑을 막아 저수지와 수로를 만드는 '관개농업'을 시작했다. 강에다 하구언을 만들어서 안정적으로 물을 확보하기는 결코 쉽지 않다. 더구나 수로 건설 기술은 극히 어려운 공법이어서 종래의 토목과 관개 기술은 말짱 헛것이었다. 이때에 새로운 선진 문명을 가진 진씨 가문이 신라로부터 건너와서 재래의 기술에다 새로운 기술을 베풂으로써 한층 향상된 작업이 성립되었다. 거기서 비로소 물의 소통이 조악하여 논농사에 적합하지 못한 척박한 토지도 옥토로 바뀌게 되었다. 이와 같은 내용은 이미 나라 시대의 사료에도 진씨 가문이 '가도노의 큰 둑かどののおおい'을 만들었다고 기록되어 있으며, 그 사실은 의심할 여지가 없다. 현재 도게쓰교渡月橋(교토 서부 가쓰라강의 긴 다리) 다리 약간 북쪽 상류부에 큰 둑을 기념하는 돌비석이 서 있으며, 나는 바로 그곳을 그 옛날의 가도노대언 터전으로 보고 있다."(『稲荷信仰の國際的環境』, 1996년)

## 고류지(광륭사)의 미륵보살 반가사유상

■ 쌍둥이격인 일본 국보 1호 고류지의 미륵보살 반가사유상과 한국 국보 83호인 금동미륵보
살 반가사유상

■ 일본 국보 미륵보살상    ■ 일본 국보 보계반가상    ■ 일본 중요문화재 사이다이지
　　　　　　　　　　　　　(교토 고류지)　　　　　　의 불좌상

## 고류지(광륭사)를 창건한 진하승

■ 진하승 부부상

■ 진하승 묘지 안내판

■ 진하승 묘지

이노우에 교수는 신라인 진씨 가문에서 만들었던 교토 가쓰라강桂川의 큰 댐인 방조제에 관한 기록들이 생생하다고 고증하였습니다. 한반도의 선진 관개농업의 발자취는 근년에 경상북도 안동 땅 청동기 유적에서 발굴되어 화제가 되기도 했어요.

이곳 교토 땅에서 관개농업으로 농업을 크게 발전시킨 부호였던 진씨 일가의 후손이 바로 진하승입니다. 진하승은 백제계의 스이코여왕, 추고여왕의 왕실에서 재무장관을 합니다. 당시 아스카문화를 일으킨 정승인 소가노우마코라는 분이 우대신으로 있을 때입니다. 소가노우마코는 백제에서 건너온 소가씨 가문의 후손인데, 추고여왕이 자기 누님의 딸이니까 바로 여왕의 외삼촌이 되는 인물입니다. 이 때 진하승이 재무장관이었고, 교토의 광륭사를 지은 것입니다.

진하승에 대해 좀 더 말씀드리자면, 진씨 가문의 발자취를 연구한 분 중에 가도와키 테이지라는 교수가 있습니다. 이분이 일본 NHK에서 방송을 하고 책을 출간했는데요, 이 책에서 "진씨 일가는 신라에서 건너왔다"고 밝혔습니다. 이분을 제가 수차례 만났었고 저에게 책도 많이 주셨는데, 지난 2008년에 작고했습니다.

아까 일본의 국보 1호인 보관미륵보살반가사유상을 모시고 있는 영보전 얘기를 했죠? 여기 들어갈 때도 역시 500엔을 내야 합니다. 그러니까 일본은 우리 문화재를 가지고 살아가고 있다고 해도 과언이 아니죠. 그래서 일본 교토대학 사학과 하야시야 다쓰사부로 교수가 쓴 『교토京都』라는 책을 보면, "고류지는 국보 불상 덕분에 잘 먹고 살게 됐다"고 하는 재미난 표현도 있습니다. 어쨌든 이와 같이 우리의 발자취는 일본 각지에 숨길 수 없이 많이 있습니다.

독일의 실천철학자인 카를 야스퍼스가 광륭사의 보관미륵보살반가사유상을 보고 극찬한 유명한 글이 있습니다. 야스퍼스는 "이 불상만큼 인간 실존의 진정한 평화로운 모습을 구현한 예술품을 지금까지 본 일이 아직 없다"(篠原正暎 '敗戰の彼岸にあるもの')며 고대 그리스나 로마의 조각상들을 초월하는 가장 뛰어난 불상이라고 찬양했어요. 그리스나 로마의 어떤 조각보다도 뛰어난 것이 바로 이 보관미륵보살반가사유상이라는 겁니다.

2007년부터 브뤼셀에서 전시했던 우리의 국보 반가상도 마찬가지입니다. 서양 사람들이 누구나 찬양했다고 하듯이 우리 선조들은 매우 뛰어난 불교문화재를 만들었습니다. 일본에 불교를 세우느라 백제불교가 건너가면서부터 이루어진 것인데 참으로 놀랍죠.

1995년에 일본의 오사카 쪽 고베지방에서 큰 지진이 일어났습니다. 그때 일본사람 약 5천명이 사망했죠. 당시 광륭사에서는 허둥지둥하면서 불상 밑에다 면진대라고 하는 지진을 막아주는 장치를 댔습니다. 지금 불상이 면대위에 얹혀있는 것이죠.

광륭사의 반가상에 얽힌 유명한 에피소드가 있습니다. 일본의 한 대학생이 불상의 아름다움에 도취한 나머지 불상과 입맞춤을 하려고 느닷없이 달려들었다가 그만 불상의 오른손 새끼손가락을 부러뜨렸습니다. 손가락은 보수를 해서 붙여놨습니다만, 그 후로는 승려 한 명이 불상 앞에 늘 지켜 서 있고, 사진도 못 찍게 합니다.

어쨌든 이 불상이 백제에서 왔건 신라에서 왔건 한국 고대 불교문화재인 것은 분명한 사실입니다. 서울 국립박물관에서 소장하고 있는 국보 83호 반가상과 똑같은 형태입니다. 우리나라의 저런 조각예술은 서양의 희랍이나 로마의 조각보다 더 뛰어나다는 것을 알아야 합니다. 그런데 광륭사에서는 이 불상을 자기네가 만들었다고, 인쇄물에 그렇게 기록을 해놓고 있습니다. 오사카의 법륭사에서처럼 말이죠.

일본의 학자들 중에 이시바시라고 하는 교토대학의 훌륭한 학자가 있었는데, 이분이 1929년에 쓴 글을 보면 놀랍습니다.

"교토지방에 있어서 선진국 조선의 식산 등의 산업영향은 매우 컸다. 단지 물질문명 뿐 아니라 정신적인 학문, 종교, 예술 등에 있어서도 마찬가지였다. 불교는 킨메이조 이래로 계속해서 우리나라에 전해왔고 근기지방은 그 신앙의 중심지가 되었으며 백제, 신라의 스님들이 많이 건너왔다. 이에 곁들여 예술도 근기지방에 이입되어 왔다."

이렇게 자신의 저서인 일본의 지리역사 책『일본지리대계』에서 밝혔습니다.

그리고 또 하나 알아둘 것은, 아스카시대의 스이코여왕 때에 우리나라에서 불상이 세 채가 건너가요. 하나는 국보 1호인 광륭사의 반가상이고, 또 하나는 보관반가상이고, 다른 하나는 중궁사 미륵반가상입니다. 그런데 이 중궁사 반가상에 대해서는 일본학자들도 침묵을 지키고 있어요. 세 채 중에 하나인 중궁사 미륵반가사유상 역시 상당히 아름다운데, 언제 건너 왔는지는 모릅니다. 중궁사는 현재 나라 땅의 법륭사 옆에 있는 사찰인데, 그 안에 불상을 모시고 있습니다. 이 사찰에는 들어갈 수 없습니다. 비공개 중입니다. 제가 이 불상에 대해 좀 더 파악하기 위해 문헌을 뒤지고 있는데, 백제에서 왔다는 한 대목은

찾았지만 아직 확실하진 않기 때문에 제가 아직 정확히 밝히고 있지 않고 있습니다.

일본 여행 때는 한반도의 훌륭한 문화재들을 우리 눈으로 직접 보시고, 또 여러분의 가족들에게도 알려주길 기대합니다. 일본의 관광지를 보는 것도 좋죠. 그러나 우리민족의 숨결이 담긴 그러한 발자취를 보는 것은 더 중요하지 않은가 생각을 합니다.

교토에 가시면 광륭사에 꼭 가시기 바랍니다.

광륭사에 가면 진하승을 중국 사람으로 만들어놨어요. 네모난 돌로 만든 연혁 판에 진하승을 중국 사람으로 소개해놨어요. 진하승은 진시황의 후손이라고 써놨습니다. 그러더니 글자를 파내고 돌을 땜질했습니다.

여러분, 진시황은 진씨가 아닙니다. 나라 이름이 진이죠. 진시황은 영씨입니다. 그런데 어떻게 진하승이 진시황의 후손입니까? 역사왜곡이 간단없이 이루어지고 있습니다. 훌륭한 학자들, 바르게 하는 학자들이 있는가 하면 저렇게 간단없이 역사를 왜곡하는 처사가 많습니다. 사찰이고 신사에서 이러한 역사왜곡을 많이 하고 있는데, 나가노 시에 있는 본래 백제사, 지금의 선광사, 젠코지에서는 바르게 쓰고 있어서 참으로 다행스럽게 생각하고 있습니다.

여러분도 이러한 사실을 많은 분들에게 알려주시고, 그렇게 해서 우리가 일본 속의 백제, 일본 속의 우리민족의 발자취들을 찾아가는 데 손을 잡고 함께 나아갑시다.

감사합니다. 🏮

## 찾아보기

● ●
ㄱ

가나자와 쇼사부로...56

가라韓...57

가라사비韓鉏...56

가라사오韓干...57

가라스키韓鋤...56

가라카누치韓鍛冶...57

가라카미韓神...57, 94, 98

가쿠슈인 대학...64

카타카나 도판...66

개로왕...164

개화開化...152

겐메이元明...150, 168

고구려견狛犬...104

고금집古今集...69

고료초 구다라廣陵町百濟...109, 111,
    189, 190

고마이누こまいぬ...104

고바야시 야스코小林惠子...105

고분 시대...43

고사기...15

고야신립高野新笠...88

곤룡포...128

곤지왕昆支王...166

곤지昆支왕자...107, 155, 164

곰의 신리熊神籬...153

관폐대사官幣大社...93

광륭사廣隆寺...193

광사림廣辭林...56, 57, 113

광인光仁...88

광인천황...40

교토京都...38, 86

구다라...10, 62, 76, 108

구다라가와...32, 110

구다라강百濟川...190

구다라 고우리...18

구다라구...110

구다라군百濟郡...190

구다라나이...76

구다라노데라くだらのでら...170

구다라다이지...110

구다라데라くだらでら...170

구다라리...17

구다라스百濟洲...16, 27, 193

구다라오데라...110

구다라지百濟寺...117, 173, 183

구다라천황百濟天皇...84

구다라촌百濟村...190

구다라평야百濟平野...190

구드래...108

구마노히모로기...154

구마모토현...16

구세관음상...136

구자액鳩字額...184

구중탑九重塔...124

국골부國骨富...140

국공마려國公麻呂...141

국마려國麻呂...140

국지성鞠智城...122

귀수세자...160
귀실집사鬼室集斯...117
근강近江...116
근초고왕近肖古王...91, 155, 160
금각사金閣寺...97
금당金堂...133
금동미륵보살반가사유상...194
금목신今木神...102
기요미즈데라...22
기쿠치성...122

ㄴ

나가노현長野縣...173
나니와쓰難波津...193
나라奈良...38, 53, 111, 138, 139, 151
나라경奈良京...139, 150
나라시奈良市...138
나라시대...15
나라씨...151
나라현奈良縣...138
나리야스 도톤...20
나시쓰쿠리 유적...45
난바難波...16, 17, 20, 113
난바궁...22
난바사難波寺...62
난파진難波津...113
난파진가難波津歌...20, 54, 62, 68, 113
난파진가 목간...55
남바위...48, 130

남백제소학교...30
남백제촌南百濟村...28
내진內陣...177
논어...46, 50
뉴스위크...11
니승尼僧...193
니시타니 타다시...24
니이나메사이にいなめさい...95

ㄷ

다가츠키...74
다나베 유이치田名部雄一 교수...42, 44, 45
다마무시노즈시...126
다카츠키...72
단가短歌...69
대야성大野城...122
대원진인大原眞人...79, 82, 108
대장간...57
데라모토寺本嘉幸 궁사...165
도다이지...140
도래인...26, 42
도리깨...57
도리이...22
도톤보리...20
동대사東大寺...53, 140
동대사요록東大寺要錄...140
동성왕...106, 164
동성왕자...106
동이東夷...52

### ㄹ/ㅁ

료벤...144

만엽가나万葉仮名...139

말다왕末多王...107

매화송梅花頌...62

명치유신...28

목판본...62

몽전夢殿...136

무녀...98

무령왕...84, 106, 111, 162

무령왕릉...39, 61, 85, 110

문자문화...46

미시마카모三島鴨신사...70, 72, 74

미즈노 유 교수...36

미즈키성...122

민달敏達...38, 79, 82, 83, 108, 111, 124

### ㅂ

백제강...32, 110

백제관음당...133

백제관음불상...133

백제국...17, 72

백제국가...27

백제군...18, 27, 28

백제궁百濟宮...84, 108, 109, 110, 111, 118

백제니사百濟尼寺...193

백제대교...30

백제대궁...84

백제대빈百濟大殯...110

백제대사...84, 109, 110

백제대신百濟大神...72

백제대정百濟大井...108

백제대정궁百濟大井宮...109, 111, 189

백제리...17

백제문화제...16

백제 버스 정류장...30, 112

백제 베틀...45, 46

백제 비불...175

백제사百濟寺...117, 170, 173, 174, 186, 188

백제사당...94

백제사정百濟寺町...109, 189

백제 삼층탑...117

백제 성왕...93, 102

백제소학교...112

백제신...70, 72, 74, 94, 97, 192

백제씨百濟氏...117, 152

백제야百濟野...32

백제역...30, 112

백제 옷...128, 130

백제왕신사...22, 45, 61

백제주百濟州...16, 17, 27, 62

백제천百濟川...32, 84, 109, 111

백제촌...30

백제화원...78

백촌강白村江...116, 122

법륭사...133, 183

보관미륵보살반가사유상...193
보스턴박물관...61
부상략기扶桑略記...109, 128, 133
북백제北百濟...190
북백제촌北百濟村...28
북큐슈...122
비다쓰왕...79
비다쓰천황敏達天王...109
비로자나대불...140
비불祕佛...187
비와코 호수...188

ㅅ

사리존승사舍利尊勝寺...190
사마...165
사비...56
사에키 아리키요佐伯有淸...83
사이쿠다니 유적...193
사카노우에...22
사카노우에 다무라마로...20
사케노키미...34
사쿠라이노데...132
사토 히사타다佐藤久忠宮司...122
삼근왕...106
삼백방三百房...188
삼존불...175
삽...56
생야生野...190
샤리손쇼지...190
서명舒明...83

서명천황...109, 110
서문수西文首...58
석상신궁石上神宮...158
선광善光...22, 61, 186
선광사善光寺...173
성덕태자...124, 136
성명왕聖明王...93
성왕...86, 136
성왕사당...100
센카宣化천황...105
소가蘇我...111
소가가와...111, 123
소가강...123
소가노우마코...198
소도...22
소화천황...100
속일본기續日本紀...11, 82, 88
솟대...22
쇼무천황...144
쇼토쿠태자...136
수성水城...122
수인垂仁...153
숭복사崇福寺...137
숭신崇神...153
스다하치만신사...162, 166
스이코여왕...124, 126, 198
스이코천황...84
시가詩歌...54
신교神教...98, 99, 137
신궁神宮...99, 192

신라신...94
신리...154
신무神武...152
신불습합神佛習合...137
신사神社...154, 192
신상제新嘗祭...95
신슈信州...182
신찬성씨록新撰姓氏錄...79, 114
심상審祥...145
심상대덕...148

●●
ㅇ

아베 스에마사安倍季昌...95
아사카노미야朝香宮...39
아스카飛鳥...111
아스카 시대...126
아자후 대학...42
아직기阿直岐...46, 58, 112
아키히토천황...10
안만려安萬呂...15, 28
앵정궁櫻井宮...132
앵정사櫻井寺...132
야마토大和...89, 90, 109
야마토 정권...122
야마토조신...89
야요이 시대...24, 43
약연기略緣起...183
양변良弁...144 148
언해...138
연희식延喜式...93

오노성...122
오노 스즈무大野晉 교수...64
오사카...27, 38, 45, 70
오야마쓰미노카미...72
오우미近江...116, 118, 119, 137
오진應神...46, 112
오츠大津시...116
오하라노 마이토...79
오호도男大迹...162
옥충주자玉蟲廚子...126
와니...60
와카...69
왕인王仁...20, 46, 48, 50, 58
왕인의 묘...60
왕희지...52
왜왕...155
왜한직倭漢直...46, 58
요미우리 신문...55, 70
요시노가리...24
용머리 환두대도...61
용명천황...124
우경...82
우에다 마사아키上田正昭...36, 38, 79
웅녀신熊女神...153
원명천황...150
원신園神...94, 155
위덕왕...124, 126
유라쿠雄略천황...106
응신왕...130
응신應神천황...36, 39, 155, 107

의각법사...191
이노우에 미쓰사다 교수...36
이마키노가미...102
이마키신今木神...93
이소노카미신궁石上神宮...91
이시와타리 신이치로...36, 53
이여국풍토기伊予國風土記...72
이월당...146
이쿠노신사生野神社...192
이쿠노장자生野長者...190
인덕...34, 53, 54, 62, 64, 67
인덕천황 대선릉...61
인물화상경人物畵像鏡...162, 165
일광삼존아미타불...175
일본서기...15, 28, 109, 152, 158
일본어...67
일본영이기日本靈異記...60, 191
일본왕실...72
일본지리대계...200

ㅈ
재봉사...46
쟁기...56
전방후원분前方後圓墳...61
정읍사...68
정창원...128
제명천황齊明天皇...115
제사무祭祀舞...99
젠코지善光寺...173, 174, 184
조거鳥居...24

조메이舒明...83, 84, 110
조불경造佛卿...140
종요鐘繇...50
종요 천자문...52
좌경左京...82
주군총酒君塚...34
주몽...86
주흥사周興嗣...50
증아강...123
증아천曾我川...111
진태하 교수...52
진하승秦河勝...195, 198

ㅊ
천신天神 신앙...137
천신天神 제사...24, 98
천일창天日槍 왕자...153, 154
천자문...46, 50
천지천황天智天皇...84, 114, 150
초고왕...86
추고여왕...198
추고천황推古天皇...124
춘일산...145
칠지도七支刀...91, 155, 158

ㅋ
카나서假名序...69
칸무천황...11, 18, 88, 116
케이타이천황...164

쿠니경恭仁京...86
쿠로시호黑潮 해류...26
큐슈九州...113, 122
큐타로마치...17
키노 츠라유키紀貫之...69
킨메이欽明천황...105

## ㅌ/ㅍ

텐리시天理市...158
팔번신사八幡神社...166
팔작지붕...175
평성平城...150
평성경平城京...139
평안경...86
평야신사...86, 102
평야천平野川...32
풍신수길...27, 28

## ㅎ

하니와라 카즈로...26
하치만신...166
하치만신사...166
하타노카와카쓰...195
한국삽...56
한반도식 묘지...43
한시집...60
한신韓神...94, 97, 155
한신사韓神社...94
한신韓神사당...102

한신제사...95
한신韓神 축문...97
행기行基...144, 148
햐쿠사이지百濟寺...189
햐쿠사이지초...190
헤이안경平安京...86
헤이안平安신궁...103
헤이안쿄...86
현대문학...69
호랑가시나무꽃...78, 114
화신립和新笠...11, 18, 86, 88
화을계和乙繼...89
화조신和朝臣...89
회풍조懷風藻...60
후왕侯王...91
후쿠로소시袋草紙...40, 88
흠명천황...124, 136
흠명천황릉欽明天皇陵...105
히가시 오우미시東近江市...109
히라카나...66
히라노신사平野神社...85, 93, 97
히라카다시...22
히이라기柊...114